再開発は誰のために？

欺罔《ぎもう》と浮利《ふり》で固められたマンション「ラ・トゥール代官山」

竹居治彦

新評論

事のはじまり

二〇〇七（平成一九）年四月中旬、家の郵便受けに一枚のチラシが投函された。住友不動産によるマンション建築計画の説明会開催を知らせるもので、計画名は「（仮称）渋谷鶯谷町計画」とあった。

建築が計画されている敷地は私の自宅前である。すでに当時は空き家になって開発を待っていたが、戦後まもなくしてアメリカの航空会社が所有し、成田空港が開港するまで社員宿舎として利用されていたところである。その後、日本の建設会社に所有権が移り、新たにアメリカの郊外住宅を思わせるような、垣根のない二五棟の戸建て住宅が建設され、「エバーグリーンパークホームズ」と名づけて外国人を対象とした賃貸住宅となった。

春には青々とした草木が茂り、夏の暑さを遮る木々の緑は秋に黄色く色づき、冬の落葉で住宅地にぬくもりのある冬日が差し込んできた。春の芽吹きとともに鳥も集い、開放感のある「エバーグリーンパークホームズ」の四季は、その名の通り爽やか緑の風にみちあふれ、周辺の住民にとっては憩いの広場となっていた。遮るものがない空の広さは何にも代え難く、私はこの風景を眺めながら八〇歳の晩年を静穏に過ごす準備をしていた。

この地域は、都市計画法によると「第二種低層住居専用地域」に指定されており、建物の高さは一二メートルに制限されている。地域の戸建て住宅は、その制限通りにほぼ二階建てであり、一部三階建ての家屋もあったが、静かなコミュニティを形成してきた。渋谷区鶯谷町、これがこの地区の町名である。

現在でこそ新宿や池袋などの繁華街とその賑わいを競っている渋谷だが、一歩入れば生活者が中心の静かな住宅が建ち並ぶ地域が広がっており、現在でも「松濤《しょうとう》」などが高級住宅地として有名である。この松濤と渋谷駅を挟んで反対側、南東に位置しているのが鶯谷町である。戸建て住宅が建ち並ぶようになって昔の面影はかなり失われたが、町名からして、古くは鶯の鳴き声が渡る、谷のような変化のある地形だった。歩いてみると、緩急の坂がさまざまに交錯し、台地の連なる地形であることが分かる。

この土地の用途地域と地形のもつ高低差が「大型開発」を拒むことにつながり、ここに住む生活者の平穏な暮らしは営々と保たれ、連綿と継承されてきた。渋谷繁華街の華やかさや喧騒からは想像もできないほどの静かな佇まいといった日常がここにはある。

説明会が四月二五日に開催されたが、自宅でもらってきた資料に目を通してみると、思いもよらないことが記されていた。その内容というのは、この地区には建てることができないはずの巨大な共同住宅の建築計画であった。完成すると、建築物の高さが一八メートル、緩やかな斜面を掘り起こし、そこに一〇棟、一五〇戸の賃貸住宅を建てるというものだった。

完成予想図を見たところ、敷地を目いっぱいに使い、一〇棟の建物がカタカナの「ロの字形」に連なり、外壁は外部と完全に遮断されており、さながら巨大な黒いタンカーが陸に上がったような風景を想像させるものであった。今まで知ることもなかったが、計画地面積は一万七〇〇〇平方メートルとチラシにあり、その広さに改めて気付かされた。

これほどの広大な土地に巨大な建物が建築されたら、緑は消えうせ、地域の景観や環境破壊のみならず、人の往来ができなくなり、コミュニティが断絶されることになる。黒いタンカーが住宅地の中心を占め、周りを取り囲む住宅に住む人々が享受してきた開放的な空と緑に代わって、二〇メートルに近い擁壁《ようへき》と対峙するといった日常を送ることになる。

想像されるその環境と景観、青天の霹靂《へきれき》にも似た激変に対する住民の戸惑いはやがて「強い疑問」から「怒り」へと変わり、建築計画を進める主体である住友不動産との対立姿勢へと変貌していくことになった。

住民側の強い疑問というのは、「なぜ、この静かな住宅地にこのような異様な建築物を建てることできるのか?」という「なぜ?　どうして?」であった。なぜ?　どうして?――この疑問を住民がもち込む先は行政しかない。すなわち渋谷区である。

住民のなかには、街の歴史や用途地域の知識を有する者も少なからずいる。こうした問題は行政と法律が解決してくれるものである、と愚直に信じて、住民は話し合いの席に繰り返し着いた。もちろん、住友不動産が開く説明会にも出席して、計画の見直しを再三にわたって求めたが、回を重ねるごとに対立は激しさを増していった。

違法建築であるという都市計画法の専門家の助言を踏まえ、行政に掛け合い、裁判所に「建築差し止めの訴訟」を起こしたが、住民の「なぜ？　どうして？」という疑問に何も解が示さることのないまま、静謐な日常の風景を黒く塗り替えてしまった巨大タンカー型の建築物「ラ・トゥール代官山」は、計画発表から約三年半後の二〇一〇（平成二二）年九月に完成し、現在に至っている。

「生涯スポーツの振興に関する調査訪問団派遣事業の実施についてであります。このたび区内において事業展開する企業から、地域貢献のための、教育振興を趣旨として三〇〇〇万円の寄付の申し出があり、その後二年内に二〇〇〇万円を提供する申し出を受けております」（情報公開により入手した「渋谷区定例会議事録」より。なお、数字を漢数字に換えている）

これは「ラ・トゥール代官山」の完成から三年後となる二〇一三（平成二五）年六月四日、桑原敏武渋谷区長（二〇〇三～二〇一五年の三期）が区議会定例会において、区議会議員を前にし

「しぶや区にゅーす」2013年６月15日、No.1257

ドイツへ調査訪問団を派遣

―生涯スポーツ振興の推進に向けて―

このたび、区内において事業展開する企業から、地域貢献のため教育振興を趣旨として、

3千万円の寄付の申し出があり、その後2年内には、2千万円を提供する申し出を受けております。これを「健康日本一」にも資するため、スポーツ振興に活用したいと考えております。

　これまで本区と交流のありました「ドイツ連邦共和国ニュルンベルク市」に調査訪問団を派遣し、調査を実施し、今後のスポーツ振興の交流に資したいと考えております。

　調査訪問団は、スポーツ推進委員、教員、行政など計10名を予定しておりますが、その時期は12月10日から16日の5泊7日で、その所用の経費を補正予算として計上いたしました。

　ドイツ連邦共和国では、ジュニアからシニアまでの幅広い層に対応した生涯スポーツ振興を地域住民の主体的な組織運営により実施しています。青少年がスポーツを楽しむ一方、成人後には自ら運営にも関わり、生涯にわたりスポーツを通して地元住民相互の連帯感や郷土への愛着を醸成していく土壌が根付いています。

　調査訪問団には、このような先進事例を見据え、渋谷の未来を担う青少年による国際友好交流や生涯スポーツへの関心、ひいては地域社会の発展につながる交流プログラムなど、その成果に期待したいと思います。

ての発言である。この区長の発言直後の同月七日、総務区民委員会の質疑において共産党議員が、「具体的にどこが相手方なんですか」と企画財政課長に質問したところ、「寄付者でございますけれども、住友不動産株式会社でございます」と回答している。

この問答を知ったとき私は、同社が渋谷区に対して「寄付」を申し出たその理由を直感的に悟った。これはまさに、三年前に完成した「ラ・トゥール代官山」と深くつながっていること、そして迂闊にもその背景をまったく知ることもなく、実直に、愚直に、行政を信じてきたことに対する臍《ほぞ》を噛む思いが湧き起こった。

さて、この総額五〇〇〇万円の寄付についてであるが、残高二〇〇〇万円は共産党区議会議員が渋谷区財務課で調査したところ、いまだに寄付はされておらず、さらに三〇〇〇万円の報告書も提出されないままになっているということであった。

地域を壊し、住民の安静な生活を根底から揺さぶってしまう違法建築物は、行政による手助けがないかぎり住友不動産が単独で造れるはずがない。建築計画の発表から完成までの三年半の間、数え切れないほど飲まされた煮え湯の熱さと苦さが一気に蘇ってしまった。

当時はどうしてもつかまえることのできなかった「浮利《ふり》」（まともなやり方ではない方法で得る利益、つまりあぶく銭のこと）を追い求める住友不動産と、そこに「欺罔《ぎもう》」（人をあざむいてだまし、一杯喰わせること）を駆使して手を貸した渋谷区役所の闇の深さを、六月四日の桑原区長の発言によって改めで気付かされたことは痛恨の極みであり、八〇余年となる人生において初めての経験であるが、心の底から突き上がる憤りに全身の震えが止まらなかった。大企業と行政が手を組み、意のままに地域社会を破壊してきたことを、このまま手を拱《こまぬ》いて看過したら一生後悔することになる――そんな自分自身を赦すことができなった。

この日から、私は時間を遡り、書きためていたメモを一枚一枚整理し、新聞の縮刷版を開き、区役所に情報公開を求め、窓口の担当者に直接面会を申し込み、さらに都市計画法の制定に携わった建設省（当時）の専門家や弁護士などから助言を受けて、桑原区長と住友不動産、そして渋谷区役所がこの違法建築物にどのようにかかわり、地域住民の意思をいかに蹂躙してきていたのかという全貌をつまびらかにすることを目的として、私が体験し、調べたことのすべてを書き記すことにした。

「再開発」という名のもとに行われている建造物の建築、完成後には多くの人の注目を浴び、人気スポットになるところもあるだろう。しかし、その裏側では、一般の住民が知ることのないさまざまな「駆け引き」が行われている場合が多い。日本全国、どこにでもある開発計画の実態を、ぜひ多くの方々に知っていただきたいということも私が願うところである。

もくじ

第4章 本命の「ラ・トゥール代官山」の建設へ

——桑原区長、住友不動産、西松建設　55

第5章 住友不動産は一切の妥協を許さない強権で説明会にのぞんだ

——二〇〇七（平成一九）年四月二五日　63

第8章　工事開始――儀式にも似た東京都開発審査会の審議

第13章　再開発事業に名を借りた渋谷区役所のまち壊し体質

NHK放送センター
渋谷区役所
渋谷法務局
渋谷税務所
渋谷高
渋谷キャスト
宮下公園
表参道
青山通り
青山学院大
青山学院
女子短大
井ノ頭通り
東急
松濤
西武
渋谷マークシティ
渋谷
渋谷ヒカリエ
神泉
インフォス
タワー
旧山手通り
セルリアンタワー
インフォス・
アネックス
國學院大
桜丘町
センチュリー
フォレスト
南平台町
卍乗泉寺
鶯谷町
鶯谷
さくら幼稚園
明治通り
ラトゥール代官山
菅刈小
第一商高
猿楽小
渋谷橋
目黒川
代官山アドレス・
ディセ
山手線
代官山
エジプト大使館
旧朝倉家住宅
長谷戸小
恵比寿
山手通り
山手トンネル
駒沢通り
目黒学院高
中目黒

再開発は誰のために？

——欺罔《ぎもう》と浮利《ふり》で固められたマンション「ラ・トゥール代官山」

第1章

我が町「鶯谷町」
——その歴史と地域環境

渋谷駅周辺の海抜（標高）は六メートルである。ご存じの通り、これは東京湾の標準水位を〇メートルとした基準から算出されている。渋谷の地形について改めて調べると、区立大和田総合文化センターの標高は三二メートルで、駅街区から北に位置している区役所の標高は三〇メートルとなっていた。

都市地図上では気付かないが、東京の地形は下町の沖積層が平坦部であり、山手側は起伏に富んだ台地となっている。都心を円形に循環するＪＲ山手線は、下町の平坦部が高架でつながっており、それを過ぎると武蔵野台地の東側にあたる切り通しの崖線を通り抜けて、再び平坦地に戻っている。

渋谷の中心部を説明すると、まずは渋谷川を挙げなければならない。かつて都市化によって暗渠化されていたが、二〇一九年の再開発（複合施設「渋谷ストリーム」の開業・九月一三日）によって生まれ変わり、川沿いに造られた遊歩道が代官山方面へと続いている。この渋谷川は新宿御苑付近の湧水地を源流としており、宇田川と合流する。その支流には、童謡『春の小川』で知られる河骨川《こうほねがわ》（参宮橋付近を水源）がある。この河骨川はＮＨＫの西側を流れ、センター街の地下を潜って渋谷川とつながり、港区天現寺橋付近から「古川」と名前を変えて東京湾に注いでいる。また、西渋谷の台地を挟んで西側を流れる目黒川は、世田谷の烏山川と北沢川が池尻付近で合流して、大崎を経て品川の天王洲で東京湾に注いでいる。

渋谷ストリーム

川は一つ、丘は五つ、谷は二十

ＪＲ山手線渋谷駅の南側を東西に貫く国道246号、旧山手通りと東急東横線で囲まれた地域が桜丘町・南平台町・鶯谷町・鉢山町・猿楽町・代官山町で、考古学の専門家は「西渋谷」と呼んでいるが、この地域は「川は一つ、丘は五つ、谷は二十」と呼ばれるほど複雑な地形となっており、丘の標高はそれぞれ三二メートル前後となっている。実は、この辺一帯はかねてから縄文・弥生遺跡が集中的に出土する地域として知られていたが、最近までその遺構を探り当てることもなく時が過ぎてきた。

地球が寒暖の異常気象を繰り返し、今から二万年前の旧石器時代の海岸線は恵比寿近辺であったが、次第に後退し、その痕跡は現在の都立広尾病院付近にある「豊沢遺跡」である。渋谷区でもっとも古い旧石器時代と縄文時代の土器断片が発見され、漁撈と狩猟の石器時代を知る手掛りがあったが、この地は民有地であったために都市開発が進むとその大部分が失われてしまった。

さて、今から四〇〇〇年前の縄文後期を迎えるころになると、渋谷川を隔てた東渋谷（広尾地区）と向かい合う西渋谷でも、シカやイノシシを斧や鏃《やじり》で捕らえて食物としていたとされる。狩猟や採収による移動生活に別れを告げて、竪穴住居を営む縄文人が使用していた多数の土器破片は、「加曾利E式《かそりいーしき》」と呼ばれる文化層に属する縄文後期の様式である。

これは石器時代が終末を迎えるころのことであり、西日本で大陸文化の影響を受けた弥生文化が近畿地方に伝わり、やがて東日本の登呂《とろ》（静岡市）に着き、それが東国にも伝来して、現在の文京区本郷弥生町に達して「生活の跡」を遺し、発掘した地名から「弥生式土器」と呼ばれるようになった。

渋谷駅周辺の商業地から外周に向かって歩いて七〇〇メートルから一〇〇〇メートル前後、このあたりは住宅地が控えているわけだが、「住みよい街の緑によって谷底を冷やす」役割を担うとする渋谷区まちづくり課職員の記述は、地勢学的に間違っているわけではない。というより、これが東京のターミナル駅のどこを探しても存在しない特徴となっている。

松涛、神宮前、渋谷四丁目、南平台町、東一丁目、東四丁目、鶯谷町、鉢山町などのほとんどが関東ローム層の肥沃な丘であるために、古代から現代に至るまでこのあたりは住みよい町であった。その肥沃な丘の一部を占めている鶯谷町の地域環境について、以下で述べることにする。

鶯谷町の地域環境

まずは、「ラ・トゥール代官山」の計画地となった「エバーグリーンパークホームズ」とその周辺について整理しておこう。

明治・大正・昭和にかけて財政を得意とする政治家であった山本達雄（一八五五～一九四七）が、本邸を麹町にもちながら、渋谷区鶯谷町九、一〇、一二、一三、一四番地にあった豊後《ぶんご》竹田藩（現在の大分県）の下屋敷（約四万平方メートル）の土地を別荘地として大正末期ごろか昭和初期に入手したことは確かであるが、登記書類が戦災によって焼失しているために詳細は不明となっている。

山本は豊後臼杵藩士であった山本確の次男として生まれ、一八六七（慶応三）年に藩校「学古館」で学びはじめ、翌年（明治元年）に本家山本幽棲の養子となり、学古館で洋学を修めたのちに大阪市阿波座小学校に奉職した。一八七七（明治一〇）年に上京して慶応義塾に学び、翌年三菱商業学校に転じ、一八八〇年に同校を卒業後、岡山商法講習所・大阪商業講習所教員を経て日本郵船に入社している。

一八九〇（明治二三）年には日本銀行に転じ、営業局長、株式局長を経て、一八九九年に総裁となっている。そして、一九〇三年に退官して貴族院議員となり、西園寺公望《さいおんじきんもち》（一八四九～一九四〇）内閣では大蔵大臣、一九一三（大正二）年の山本権兵衛《やまもとごんのひょうえ》（一八五二～一九三三）内閣では商務大臣、一九一八年の原敬《はらたかし》（一八五六～一九二一）内閣では農商務大臣、一九三二（昭和七）年の斉藤実《さいとうまこと》（一八五八～一九三六）内閣では内務大臣に就任するなど、大正から昭和にかけて活躍した人物である。ちなみに、一九二〇年に「男爵」の爵位を授けられている。

山本は入手した土地の中央に、今日で言うところの「渋谷区特別区道432号」を東京市道として開削し、西側に別荘を建てるとともに果樹類や蔬菜類を栽培し、収穫された品々は麹町の本邸まで届けられたという。この町に古くから住む老人が当時の様子を記憶しており、私に語ってくれた。

「同農園では新潟からの住み込み夫婦を雇い、農作業の一切を受け持たせていた。イチゴ栽培もしており、山本が爵位を授与された時期には、政財界の有力者を招いてイチゴパーティーが開かれていた」

戦争直後には小学生だった別の老人は、山本農園の門前を突っ切って猿楽小学校に通学したという。門前に散乱していた珍奇な土器片を集めて学校に提出したとも言うのだが、今日もそれが保存されていることを私に教えてくれた。なんとそれは、弥生・縄文の複合遺跡の断片だった。

太平洋戦争の末期、アメリカ空軍の空襲によって一〇〇万戸に上る東京の住居が灰《かい》燼《じん》と化したわけだが、豊かな樹林に囲まれ

鶯谷さくら幼稚園

た山本農園は爆撃の被害を受けることなくそのまま残った。中央を貫く東京市道の西側にあった別荘は、占領軍の宿舎に指定されかけたが、山本は当時の首相である吉田茂（一八七八～一九六七）に働きかけて接収を免れた。

戦後、区道432号の東側に沿った土地は財産税として物納され、「渋谷区立鉢山中学」と、麻布から移転した宗教法人乗泉寺と「鶯谷さくら幼稚園」の敷地となった。二〇一九年で開園七〇年となるこの幼稚園もまた、たくさんの緑に囲まれている。

鶯谷町にある二つの広大な土地

一方、区道432号の西側となる鶯谷一三番の一万七〇〇〇平方メートル（現在の「ラ・トゥール代官山」が建てられた土地）は、山本の遺族から一九四八年に国際観光開発株式会社の手を経て、アメリカノースカロライナ州に本社があるノースウェスト航空の所有となり、社員宿舎を建設して使用していた。しかし、一九七八（昭和五三）年に成田空港の建築計画が伝えられると同時に新たな土地を成田で探すことになった。その結果、西松建設株式会社が成田で所有していた土地と等価交換することになり、鶯谷町の土地は西松建設の所有となった。

西松建設は入手した土地で共同住宅の建設を計画したが、間口から敷地までの通路部分が狭く、

エバーグリーンパークホームズとうぐいす住宅の位置関係

旗と竿のようになっている典型的な「旗竿型袋地」であったために、都市計画法上から計画を断念せざるを得なかった。そこで、同社はノースウェスト航空の社員宿舎を真似て、ここにアメリカの郊外住宅を思わせるような垣根のない戸建て住宅二五戸を建設し、「エバーグリーンパークホームズ」と名付けて外国人専用の住宅として賃貸住宅業を行うことにした。しかし、「土地バブル」の声が聞こえはじめると、区道に全面的に接道させて、土地の有効活用を図りたいという悲願が募り、東京都と渋谷区に通うようになった。

さて、同じく区道西側の鶯谷町一四番の敷地一万平方メートルについては、一九五五（昭和三〇）年ごろ、山本の別荘が解体

かつての「渋谷うぐいす住宅」（右）と「エバーグリーンパークホームズ」（左の戸建て）（写真提供：日本航空写真株式会社）

されたあとに日本住宅公団（現在のＵＲ都市機構）の所有となり、翌一九五六年に四階建て五棟の共同住宅が建設された。それが「渋谷うぐいす住宅」である。

この「渋谷うぐいす住宅」の建て替え計画をめぐって、渋谷区役所、西松建設がうごめき、さらに隣接する「エバーグリーンパークホームズ」へと燎原《りょうげん》の火のように飛び火し、あっという間に燃え広がることになった。この一連の流れをつくったのが、桑原区長（当時）と住友不動産の癒着構造であった。しかし、民と官が一体となって、よもや違法建築へとひた走ることになろうとは、私をはじめとして住民はその予兆すらまったく感じることはなかった。

第2章 桑原区長の誕生と渋谷区における住友不動産の動き

渋谷区定例会での桑原区長の発言を受け（原稿ⅳページ前掲）、桑原区長と住友不動産の癒着構造の輪郭が見えたことで、私は違法建築の塊である「ラ・トゥール代官山」を主導したのは桑原区長であると確信した。桑原区長と住友不動産は、いつ、どこで結び付いて、その後どのような経緯で「（仮称）渋谷鶯谷町計画」にたどり着いたのだろうか。彼にターゲットを絞って動静を探っていけば、絡まった糸をほぐし、覆っていたベールを一枚一枚剥ぎ取っていくことができるのではないかと私は考えた。

癒着構造が生まれるのは、往々にして、本来交わることがない二つの組織が利害の一致を見たときである。桑原区長と住友不動産がどのように出会い、双方の利がどこで一致したのか、そこに焦点を当てて探り出すことにした。その結果、この癒着構造の流れは三段階わたって深化していき、さらに西松建設が一枚かんでいたことを知るに至った。

このような癒着の流れは約四年間にまたがっており、それは、渋谷区の再開発事業「渋谷駅中心地区まちづくりガイドライン２００７」と完全に歩調を合わせていることが分かる。再開発事業に群がるデベロッパーと事業を管理する行政、その闇に蔓延《はびこ》る利権の数々……やはり何か匂ってくる。ここからは、時計の針を巻き戻し、桑原区長と住友不動産の癒着過程をトレースしていくことにする。

桑原区長が誕生したときの時代背景（二〇〇三年～二〇〇五年）

二〇〇三（平成一九）年四月の統一地方選挙での渋谷区長選挙は、再選を狙う小倉基《おぐらもとい》（一九三一～二〇一五）区長の長男による麻薬取引が発覚したため、急きょ桑原敏武副区長が身代わりとして立候補し、当選を果たした。

副区長時代と区長一期目に当たるこの時期が、渋谷区行政にとっては大規模開発事業である「代官山アドレス」の工事開始から完成に至るまでと重なる。当初は日和見を決め込んで、事業の完成に腰を掛けていた程度だった桑原区長は、成功が視野に入ると前面に出て、積極的に関与を示し出した。そして、完成すればそれを自分の手柄にして、内外に喧伝《けんでん》してはばからないという資質の持ち主のように私には思えた。

ここで、新区長が誕生した当時の時代背景と、副区長時代に体験した「代官山アドレス」の建設過程、そしてそこから彼が何を学んだのかについて整理しておく。

新区長誕生の二年前となる二〇〇一（平成一三）年といえば、小泉純一郎内閣による聖域なき構造改革が断行された年である。改革の発想そのものは、政府による公共サービスを民営化することで経費を削減し、市場にできることは市場に委ねることを目指すというもので、いわゆる「官から民へ」、また国と地方の三位一体改革、いわゆる「中央から地方へ」を柱に据えたものであった。その結果、郵政事業、道路関係四公団の民営化が進められたことは記憶に新しい。

一九九〇（平成二）年のバブル経済崩壊による失われた一〇年を経て、新世紀に向けた大改革ではあったが、聖域なき構造改革と並行した規制緩和措置によって新たな土地バブルが生まれ、土地さえあれば建物が容易に建てられるという時代でもあった。国の施策に呼応するように再開発事業の気運が高まったわけだが、「代官山アドレス」の建築もその一つとして挙げることができる。

前身となるのは「代官山同潤会アパート」である。一九二三（大正一二）年九月一日に相模湾を震源とするマグニチュード7.9の関東大震災が発生し、東京の下町と横浜が壊滅的な打撃を被った。その後に世界から寄せられた義援金によって、東京と神奈川県下に一六か所建設されたうちの一つである。

渋谷区代官山の丘陵傾斜地に建設された同潤会アパートの三六棟は、二階建ての家族館が二二棟、三階建ての家族館九棟、同じく三階建ての独身館が五棟で構成された集合住宅で、当時の最高の知恵と技術を凝縮して設計された近代的な共同住宅であった。

人もうらやむほどの近代的なアパートも、時代の経過とともに老朽化が進み、もはや補修と改修では追い付かない状況になるとともに、家族構成の変化や所有者の変更、さらに賃貸借と又貸しなどが進み、関係者は六〇〇〇人に及ぶようになっていた。

「とにかくどうなっても絶対損をしないよう、現在より広い環境を確保し且つ費用がかからないで達成することを本旨とする再開発案を作り、皆さん会員の賛同の上で実現することを期したいと思います」

この文は、一九九〇年に結成された代官山再開発組合の「会報第1号」に掲載された宣言文で、組合員の偽らざる本音が表出していると言える。

代官山同潤会アパート（提供：松本泰生氏、1996年４月27日撮影）

組合は、これまでのグループが建て替えや再開発計画を立ち上げながら、そのいずれもが中途で挫折してしまったことの反省から、「理想の町づくり」を目指して、すべての居住者が分け隔てなく一体となって行動することを原則とした。そして、一九九〇年一二月六日に「代官山第一種市街地再開発事業」が告示されたわけであるが、前後一〇年余りの時間を費やして論議が継続され、本格的に工事に着手できるまでにさらなる時間が必要とされた。

再開発組合指導者の忍耐、それを支える周囲の協力があって計画は進んだわけだが、幹部は住民の利害・得失など複雑な問題を調整・処理しながら、長年にわたって住み続けた住民を追い出すような計画だけは避けた。そして組合は、公正を期すために事業対象者から不動産業者を排除し、デベロッパーを公募したことも特筆されるところである。

その後も、銀行や企業との関係は対等と協調性が優先され、建物の規模は現行法令内による建て替えか、都市計画法の指定による再開発かの論議のなかで、超高層ビル建設で手慣れた企業の主張が押し切ることになった。ちなみに、渋谷区もこれを積極的に応援している。

渋谷区はこの開発事業現場に職員を派遣しながらも、許認可権限をすべて東京都に握られているため業務の窓口にすぎなかったわけだが、副区長と区長時代を通して、その間隙《かんげき》を利用して自主的判断ができる「抜け道」や「隙間」の発見に力を注いだようだ。とりわけ、建物の高度化と増床には積極的であったわけだが、区が財政支援をしたのは、開発後の住民税の増収が魅力的であるからであり、都に対しても、固定資産税の増加につながることで増床についての説得がしやすかったと思われる。

また、組合員間の輻輳《ふくそう》した権利関係とは別のところでも前区長は積極的に動いている。地内には一部都有地が含まれていたのだが、これを組合に払い下げることが不可能であると知ると、渋谷区を迂回して再開発組合に譲渡するという道を見付けた。これによって、ようやく一括した土地開発決定が法律的に確定し、「代官山アドレス」の誕生につなげたわけである。

代官山再開発組合にとっては、これまでの低層アパートから超高層ビルを立ち上げるには、周辺地域との日照や日影問題、道路や工事中の騒音問題を解決しなければならなかった。従前の「同潤会アパート」として高級官僚や文化人たちが居住していた時代は、近隣住民を見下ろすような雰囲気があったことから、事業計画の積極的な情報公開をはじめとして対話を通じて理解を深め、盆踊りなどの催事によって交流を続けるという努力をした。これによって住民同士の信頼関係が生まれ、再開発事業は次第に地域内で理解を深めていくことになった。

両者の誠実で着実な信頼関係を築く場合、一般的な再開発事業においては地元対策費がかなり計上されると言われているが、この地域では一銭の支出もないという稀有《けう》な例がつくられたという。

こうして二〇〇〇年八月、代官山の街の中心にある一万七〇〇〇平方メートルの傾斜地に、三六階の超高層マンションを中心とする「代官山アドレス」が完成した。そのほかにも、中高層ビル四棟を合せれば総戸数五〇一戸の住宅（このなかには、渋谷区の出資の持ち分として三一戸が含まれる）、四階建て一万平方メートルの商業施設、庭園、地下駐車場、さらには渋谷区民プールや地区集会所、公園、広場、電力変電所を有する開発事業が完成したことになる。

しかし、「代官山アドレス」の完成後、この地区では自主的建築規制による高さ制限が設けられることになった。また、環境保護や小規模事業者の保護を目的として、スーパーマーケットでさえもチラシ広告による特売の案内を自主規制しているほどの配慮が行われている。この代官山再開発が適切であったがどうか、その賛否に関する評価は専門家のなかでさえ定着しないまま今日に至っている。

ところで、「代官山アドレス」の建設過程は、渋谷区のトップになった桑原区長にとっては、首長としての権限の限界を知るとともに、その限界を最大限に利用さえすれば、都市計画変更による超高層建設を含めて、将来の第二種低層住居専用地域の地目変更などに役立つのではないかという

代官山駅から見る「代官山アドレス」

ことを学ぶ格好の機会となった。もちろん、桑原区長に深謀遠慮があったのかどうかは不明であるが、許認可についての複雑・多様なプロセスやノウハウを学び取ったことは間違いないだろう。

さらに、後述する国道246号と旧山手通りの交差点となる東南角地、つまり渋谷区南平台町一六―一七番地にあった都有地を地上げ屋に払下げた際にはこの経験が生かされており、法定外道路の渋谷区における便宜供与につながっている。

渋谷区内における住友不動産の動きを追う

この地域における住友不動産の企業活動を断片的に拾い集めてみると、一九七三（昭和四八）年、鉢山町一五番地に建てられた豪華マンション「代官山シティハウス」が最初だと思われる。その後、渋谷区における事業展開が目立つようになるのは土地バブルが弾けたあとで、さらに本格化するのは二〇〇八（平成二〇）年九月、アメリカから到来したリーマンショックを乗り越えた時期からである。

土地バブル後に同社が高層ビル建設へ進出したのは、一九九三（平成四）年、東京都総合設計制度の認定を受けた超高層二一階建て、高さ七〇メートルの「インフォスタワー」である。このビルは、同社における渋谷区への本格的進出の橋頭保《きょうとうほ》（前進基地）として桜丘町一九番地に建設されている。渋谷区特別区道432号（前掲の旧東京市道）の頂点、標高三二メートルのところに建設されたこのビルだが、一方通行の区道432号の角地にある「さくら薬局前」の道路幅（幅員《ふくいん》）は八・〇五メートル、前に進んだ同ビルの正面は八・九八メートルでしかない。この地点を過ぎたすぐの地点は九・〇二メートルあるが、坂を下った桜丘郵便局前は七・九四メートルにすぎない。鶯谷町内に入ると九メートルは確保されているわけだが、猿楽町一一番地の幅員は八・三二メートルとなっており、九メートルを確保しているのは二地点（つまり、九・〇二メートルと九メートルの部分）だけという、典型的なボトルネック道路となっている。

このビルに沿う北側の区道448号の幅員は六・六四メートル、自社の敷地を歩道状空地《ほどうじょうくうち》として提供しているが、決して適法とは言えない違法建築である。また、渋谷区文化総合センター前の幅員も九メートルで、双方向通行という複雑な道路事情となっている。そのうえ、左右を横切るボトルネック状の道路である区道は、渋谷区特別区道

超高層21階建ての「インフォスタワー」

434号を除けばすべて九メートル以下となっており、東京都と渋谷区はこの違反を見逃したまま建築を許可していることになる。

区道432号の取り入れ口から左右に並ぶビルは「風の吹き上げ通路」となり、同ビルの頂点から桜丘郵便局に向かって吹き下ろし風となる。歩けば分かると思うが、通常でも家並みを抜ける風はまるで突風のようであり、風雨の激しいときにはビニール傘が反り返ってしまうほどである。雨が上がったあと、このビルの前に破れ傘が山と積まれている光景を目にすることができる。

第3章 桑原区長と住友不動産の癒着

癒着の流れ①――二〇〇五（平成一七）年

桑原区長と住友不動産との接触を契機に深まる同社の営業活動

住友不動産は、渋谷駅から宮益坂を上りきったところに「青山通りビル」（一三階・渋谷区渋谷一‐一‐四）を一九九四年に完成させている。そして、二〇〇四年には明治通りに沿って計画された「ベルサール原宿」（渋谷区千駄ヶ谷二丁目）を完成させているが、このビルは二〇階建ての超高層ビル（九七メートル）で、道路を隔てた区立千駄ヶ谷小・幼稚園への冬至期における日照問題から、地元住民ばかりか渋谷区ＰＴＡ連合会などから反対運動を受けたが、完成の二年前に新区長となっていた桑原区長の裁断は建設強行を認めるもので、住民の反対を押しきる形で完成させた。

その後、同社はインフォスタワーの隣接地に建て増しを行ったわけだが、さらに二〇一一（平成二三）年一月には、区道432号を挟んだ桜丘町一三に「インフォス・アネックス」という事務所ビルを完成させた。

インフォス・アネックス

このビルは、角地の桜丘郵便局の裏手にあたり、周囲を取り巻く幅員《ふくいん》を調べると、正面区道は三・五メートル、背後は七・四七メートル（通称・西郷通り）、元渋谷区幼児保育園（現在は高齢者向けのデイサービス施設）に挟まれた区道は三・五メートルであり、三面が狭隘な区道に囲まれた敷地には、西側に隣接してすでに「渋谷コーポラスマンション」があった。どう考えても建築できない敷地でありながら、総合設計制度によって一〇階・延べ面積五万三三五九平方メートルの事務所ビルは、同マンションの東側部分を日影にしながら建築された。

計画当初より建築反対運動を重ねていた同マンションの住民は、違法建築を裁判に訴えるのに代えて、「違法建築断固反対」の看板二基を自己の敷地内から事務所ビルの正面出入り口に掲出し、三年余りにわたって違法建築に対する抗議活動を行っていた。それに対して住友不動産がとった措置は、建物所有者である同社が表に出ることは避け、工事施工会社であった西松建設を身代わりに立て、「警告　近隣住民に配慮しない　住友不動産ビル　断固反対」などの看板を立てて抗議する反対住民側に「屋外広告物条例違反」を盾に撤去を迫った。西松建設から執拗に繰り返される看板撤去要求に、被害者であるマンション組合はついに屈服せざるを得なかった。

世間には数多くの事件があるわけだが、日本を代表する大手デベロッパーが、狭隘な敷地に割り込んで違法建築を行いながら、住民側の反対看板の掲示が違法であるとして撤去を強要する「住民イジメ」という悪質な手口といった話は聞いたことがない。自ら違法性を棚に上げて、謝罪する気持ちは毛頭なく、下請けの西松建設を使って執拗かつ居丈高に「違法建築物断固反対」の看板を撤去させたという事実、まさに「木の葉が沈み、石が流れる」のたとえそのものである。

蛇足になるが、住友不動産の歴史とその企業体質について触れておきたい。

住友不動産株式会社は旧住友財閥系の中核企業であり、高層住宅のパイオニアであるとともに「住宅事業」と「ビル事業」を柱にして積極的な営業活動を進めている大手不動産企業である。

一九四九（昭和二四）年、株式会社住友本社が財閥解体によって解散すると、「泉不動産」として大阪に同社が設立され、一九五七年に「住友不動産株式会社」へと社名を変更したあと、本社を東京に移転している。二〇一九年現在の資本金は一二二八億円となっている。

ビル事業では、新宿副都心における超高層ビルの草分けとなる「新宿住友ビル」を完成後、東京の国際都市化や金融センター化を予見し、都内に集中的な投資を行っている。なかでも、新橋・浜松町地区や新宿副都心には他社に先駆けて進出しており、代表的なビルとしては「新宿NSビル」（一九八二年竣工）を挙げることができる。

住友銀行の資金力を背景とした積極的な投資と拡大戦略、そして強引な営業手法と露骨な事業展開を進め、「土地バブルの仕掛人」として勇名を轟かせて成長した同社だが、その醜聞と不正利益は数え切れないほど伝えられている。それでも二〇〇八年のリーマンショックを乗り切り、その後も積極的な投資を行っている。その一例が、二〇〇九（平成二一）年九月、渋谷区と地続きの目黒区青葉台三ー六に建てた「青葉台タワービル」（三三階）である。

このビルは旧山手通りを隔てた旧日産生命跡地に建てられた超高層ビルで、国道246号に面した面積六九八六平方メートルの敷地に、高さ一四四・五メートル、延べ面積五六〇〇〇平方メートルというものである。しかし、地盤面の確定と擁壁《ようへき》への調査が不十分なままの完成となり、これを許可した目黒区と近隣住民との間で起こされた訴訟は一〇年に及んだと聞いている。また、この工事では、完成を急ぐあまりに人身事故を起こしたにもかかわらず、その事実が「もみ消された」とも伝えられている。

もう一つが、二〇一〇年に完成した、渋谷区東一－二の旧大同生命跡地に建てられた「渋谷ファーストタワー」（二五階）という超高層ビルである。六本木から首都高速道路を走ると、渋谷区内に入って最初に目にするランドタワービルである。ちなみに、このビルを過ぎて「青葉台タワービル」の手前にあるのが、渋谷区南平台の「ベルサール渋谷ガーデンタワービル」となる。

以下に掲げる文章は、「日本経済新聞」の経済欄に掲載された記事を要約したものだが、同社の大型開発に関する記述である。

住友不動産は、二〇一一年度までに東京都心部で九棟、約八十八万平方メートルのオフィスビル建設に乗り出す。マンション市場は低迷しているが、都内のオフィス需要は堅調に推移するとみて、日本橋（中央区）で大型ビルを着工、旧六本木プリンスホテル（港区）などの超高層ビルに建て替える。最近の地価上昇で土地を一括取得することが困難になっており、複雑な権利関係をまとめる再開発事業に戦略を転換する。

総事業費六千六百億円で同社の再開発としては過去最大。このうち千三百億円を投じて、コレド日本橋の永代通りを挟んだ南側に大型オフィスビルを二〇一三年以内に着工する。商業施設の併設も検討する。延べ床面積は十万平方メートルの見通し。地権者の大同生命保険などと共同開発する方針で調整している。（後略）「日本経済新聞」二〇〇八年四月二〇日付朝刊

「日本経済新聞」2008年４月20日付朝刊

住友グループの経営理念

さて、住友と言えば、三井、三菱と並んで「日本の三大財閥」と言われてきた。住友家初代とされる住友正友（一五八五〜一六五二）が商売上の心得を簡潔に説いた経営理念とも言える文章を遺している。以来、住友グループによって、その理念が「営業の要旨」として引き継がれているということがよく知られている。初代が遺した二条からなる「文殊院趣意書」を、同グループのホームページ（https://www.sumitomocorp.com/ja/jp/about/policy/principles）から引用しておこう。

第一条　我住友の営業は信用を重んじ確実を旨とし以てその鞏固隆盛をきすべし。
（口語訳：わが営業は信用を重んじ、確実を根本理念とし、これにより住友家が盤石にますます栄えるようにしたい）
第二条　我住友の影響は自省の変遷理財の損失を計り弛張興廃することあるべしと雖も苟も浮利に趨り軽進すべからず。
（口語訳：わが営業は、時代の移り変わり、財貨運用の損得を考え、拡張したり縮小したり、起業したり廃業したりするのであるが、いやしくも目先の利益に走り、軽々しく進んではいけない）

第二条に示された「浮利に趨り軽震すべからず」の一文は、不動産を中心にしたバブル経済が弾けた一九九〇（平成二）年、「浮利にはしらず」という言葉が多くの企業に対する「戒め」として取り上げられたことを覚えている人も多いだろう。このような崇高な「営業の要旨」を経営理念として掲げていた住友不動産であるが、その実態とはかけ離れた、「いやしくも目先の利益に走り、軽々しく進んだ」企業であることを、私は「ラ・トゥール代官山」の建設で思い知らされることになった。

癒着の流れ②——二〇〇六（平成一八）年

不透明な経緯で「南平台地上げ事件」の土地を取得した住友不動産

二〇〇四年から二〇〇六年にかけてはじまった、国道246号沿いの商業地である渋谷区南平台町の約九〇〇〇平方メートルの地上げは、豊富な資金を元手に架空会社名義の取引や宗教法人を介在させるなど、大掛かりな脱税を伴う事件となった。

南平台を舞台とした地上げはK社という地上げ業者によってスタートしたが、地上げのための資金は三菱銀行が融資したもので、総額二一六億円にまで及んでいる。この商業地にあったビルや土地を買い上げ、テナントなどを立ち退かせるための交渉を進めて買い増していった。また、K社の社長は脱税した資金のうち約四〇億円を使って、神奈川県大磯町にあったコンピュータ関連会社の工場跡地（約七万九〇〇〇平方メートル）を関連会社の名義で購入していた。

同社長らは二〇〇五（平成一七）年には一帯の地上げを完了しているが、岐阜の山奥に登記されているペーパー宗教法人の代表役員という肩書きをもっていたこともあり、南平台町にあったビルの入り口に宗教法人の名前である「大和教会」と書かれた看板を掲げ、一部のフロアーを占拠して活動を行っていた。土地の一部を実体のない宗教法人名義で取得したのは、宗教法人の法人税率（二二パーセント）は一般企業の法人税（三〇パーセント）よりも低いからである。宗教法人をダミーにする理由を、同社長は「税金が安くなる」と説明していた。

こうして地上げされた土地は、二〇〇六年二月、住友不動産に約四二二億円で転売されている。K社は約九〇億円の利益を得たとされているが、特捜部の調べによると、同社長はこの三年間で地上げの報酬などで得た所得約五八億四二〇〇万円を隠匿していることが分かり、法人税約一七億五二〇〇万円の脱税が発覚した。

うやむやにされた脱税企業の土地転売にからむ疑惑

地上げ地内の真ん中にあった東京都建設局第七建設事務所の周辺にある土地の買い占めでは、周辺住民の名前を騙《かた》って東京都の払い下げを受けたという疑惑が都議会で追及されたが、土地登記簿謄本によると、三菱銀行に移転したあとに住友不動産に所有権を移すなど、地上げをめぐる巨額脱税事件の構図は明るみに出たものの闇の部分が多いままとなった。

同地内の法定外道路の国有地(1)一二〇・八九平方メートルについては、二〇〇六年年六月二四日

(1)　国内の道路は「国道」「県道」「里道」などに分けられるが、車がない時代の生活道路だった里道は当初から幅の狭いものが多く、昔の水路や排水路だったところは旧公図などで青色に塗られていたことから「青道《あおみち》」「青線」「青地」などと呼ばれている。

に突然渋谷区に譲渡されながら、五か月後の一一月一四日には地上げ業者に売却されている。これらの都有地の転売と宗教法人の名を騙《かた》った区道の払い下げは、地上げ業者K社への便宜供与の仲介であった。新聞でも伝えられたことだが、区長は「区議会に売却について報告したが、報道については知る立場にない」と答弁し、渋谷区は一切関与していないと言い逃れをするだけだった。

国から譲渡されて五か月足らずで売却したということは、売却を目的としていたことが明らかであり、脱税する会社に莫大な利益を上げさせることを目論んでいたと思われる。前述したように、渋谷区議会でも追及されたわけだが、事件はいずれもうやむやのまま闇に消えたことになる。しかし、これらは渋谷区を超えた闇の勢力が関与する取引であったとしか考えられない。後日、K社は脱税について事実を認め、二億円の課徴金が課せられたうえに二年余りの実刑判決を受けている。

ところで、この裁判の過程で、当時の渋谷区議会議長を務めていた区議会議員が、二〇〇六年一〇月から二〇〇七年六月まで、K社から毎月一〇万円の献金を受けていることが明るみになっていることを付け加えておきたい。

この事件の発覚は、住友不動産が一六〇〇億円もの巨大投資を発表した時期と重なり、投資を終えてすぐ、二四階建ての「渋谷ガーデンタワービル」の工事が開始された直後のことであった。

この巨額の脱税事件は新聞・週刊誌・ＴＶでも大きく報道されて世間の耳目を集めたこともあり、八か月余り同工事は中断を余儀なくされている。その後、二四階の超高層ビル「渋谷ガーデンタワービル」は二〇〇九年に完成している。住友不動産は、手を汚すことなく優良物件を手中にし、ビル事業でさらなる利潤を得ることになった。

結果としてではあるが、巨額の利益を得た住友不動産にもたらすこととなった桑原区長との関係は、さらに深まったことが容易に想像できるところである。それは、時間を置くことなく、すぐに同様の手法で次の段階へと移っていくことになる。その次の狙いが、私たちの閑静な住宅地である鶯谷町に絞られていたことに気付いたのは一年後であった。

癒着の流れ③――二〇〇七（平成一九）年

住友不動産の狙いは「エバーグリーンパークホームズ」の土地取得

よもや鶯谷町が次のターゲットになっているとは予想もしていなかった二〇〇五年、すでにその布石の一手が桑原区長によって打ち込まれていた。いくつもの目に見えない楔を打ち込むために用意周到の準備を重ねていたことが調査で解明されていくのだが、その過程はかなり複雑である。また、最終的なターゲットを手に入れるために講じてきた多種多様な手段を描くにはページ数を費やせざるを得ない。いささか長文になるが、ご辛抱《しんぼう》いただきたい。

改めて整理しておくが、渋谷区鶯谷町には二つの広大な土地があった。一つが区道432号西側の鶯谷町一三番で、広さが一万七〇〇〇平方メートルあり、かつてノースウェスト航空が社員宿舎を建設して使用していた土地であったが、成田国際空港の開設を控えて西松建設が同地に所有していた土地との等価交換によって同社の所有となり、「エバーグリーンパークホームズ」と名付けて外国人を対象にした賃貸住宅業を行っていた。

もう一つは区道西側の鶯谷町一四番の敷地一万平方メートルの土地で、一九五五（昭和三〇）年ごろに日本住宅公団（現在のUR都市機構）の所有となり、翌年に四階建て五棟が建設された共同住宅「渋谷うぐいす住宅」である。この住宅の再建をめぐって桑原区長が暗躍し、それが次の布石となっていったわけだが、鶯谷町の住民はことが終了するまで完全に蚊帳の外に置かれることになった（一〇ページの地図参照）。

結論から述べると、渋谷うぐいす住宅の建て替え計画は住民の意向をまったく受け入れることのない荒唐無稽かつ違法建築であったため、住民の強い反対によって計画は完全に頓挫することになった。だが、この違法な手法が、次の「ラ・トゥール代官山」の建設にそっくりそのまま踏襲されることになったわけである。

荒唐無稽だった「渋谷うぐいす住宅立て替え計画」の全貌

まず、「渋谷うぐいす住宅建て替え計画」の発端から、その顛末について説明しておきたい。うぐいす住宅の住民が建て替えに向けて心動かされたきっかけは、東急東横線代官山駅前にある「代官山同潤会アパート」の再開発にある。前述したように、同潤会住宅組合員が再開発宣言の声を上げ、都市計画決定されて工事が完了するまでに一〇年の歳月を費やし、三六階の超高層マンション「代官山アドレス」が完成したのは二〇〇〇（平成一二）年八月であった（一九ページの写真参照）。

この代官山と至近距離にある渋谷区鶯谷町一四番の旧住宅公団（現在のＵＲ）の共同住宅であるうぐいす住宅の四階建て五棟（一三九戸）は、建設以来四七年を経過しており、住宅組合員は、「老朽化した建物と予想される地下直下型地震により、生命に危険が及ぶものであり、住民の発意による建て替え」と「終の棲家」を求めて建て替え活動をはじめることにした。「代官山アドレス」が完成する二年前、一九九八年のことであった。

渋谷うぐいす住宅と西松建設を結び付けたもの

ここからの経過は、うぐいす住宅組合の「経過年表」（四五ページ参照）に沿って追っていくことにする。

うぐいす住宅組合が「渋谷区まちづくり課」に通うようになり、まちづくり専門のコンサルタントの派遣制度を利用して住民参加の企画会を開催したりもしたが、建て替えの糸口を見つけ出すまでには至らなかった。同組合は「組合」を名乗りながらも居住者だけが加入する任意団体であり、法律に基づく定款をもった組合ではないこと、そして転居してしまって住居を貸し出している不在家主が組合員に加入していたのかどうかは分からない。もちろん、その賃借人は組合から除外されているとも聞いている。

また、最初に渋谷区の相談窓口に訪ねた日時も明かではない。さらに、うぐいす住宅に隣接する「エバーグリーンパークホームズ」の土地を所有する西松建設を訪ねて共同事業を要請したと経過年表にあるが（これは、組合独自に行ったものと推測できる）、このときには西松建設からの回答はなかったと記録されている。

この「エバーグリーンパークホームズ」の土地（一万七〇〇〇平方メートル）を所有する西松建設であるが、資本金は二三五億円、東証一部上場の土木・建築・不動産を扱う企業である。一級建築士事務所として特定建設業者の登録を受け、都市計画法と建築基準法について専門的な知識と技術をもっている。二五戸の外人向け賃貸住宅の「エバーグリーンパークホームズ」の敷地は、出入り口が一か所しかない典型的な旗竿型（一〇ページ参照）であったため、同社はこの条件を脱却し、土地を有効活用することが年来の念願であったため、かねてより東京都と渋谷区が接触していた。

一方、渋谷区まちづくり課を訪れたうぐいす住宅組合員は、自己所有地だけの建て替え計画は資金の調達を含めて実現が困難なことを知り、二〇〇〇（平成一二）年、渋谷区の紹介で西松建設に共同事業パートナーとして参加要請を行った。うぐいす住宅は、自己所有地だけでの建て替えができない。一方、西松建設は「エバーグリーンパークホーム」の敷地が旗竿地であることで有効活用ができない――ここで、両者における利害の一致を見ることになる。

両方を合計した面積は二万七〇〇〇平方メートルとなり、これは「代官山アドレス」の敷地一万七〇〇〇平方メートルの一・五八倍となり、東京ドームのグランド面積三万平方メートルの約九〇パーセントに相当し、実現すれば巨大な再開発事業になるという計画であった。

渋谷区がうぐいす住宅組合に西松建設を共同事業パートナーとして紹介した二〇〇二年から四年を費やして勉強会をしていたことが「経過年表」で分かるが、この計画予定地は、都市計画法において第二種低層住宅専用地域であること、建築基準法を厳守すること、またこの地域が「渋谷駅周辺都市再生緊急整備地域」として論議されており、近く決定が予定されていることなどを勘案すると、うぐいす住宅組合と西松建設との再開発事業の大綱と細目は、行政と住宅組合、そして専門的分野の知識をもつ西松建設が役割分担などを含めて決定したものであろうと推測することができる。

隣接しあう両者は対等・平等であり、とりわけ高齢者を抱えるうぐいす住宅組合を引き立て、西松建設が事業パートナーに恥じない責任とリーダーシップを発揮して、理想とされるまちづくりを構想したはずであったが、ここにこそ問題の本質があったことがのちに判明する。

説明会を重ねるほど深まる住民と西松建設との溝

四年にわたる勉強会を経て作成された「うぐいす住宅建て替え試案」に関して、渋谷区から内諾を得て、二〇〇四（平成一六）年一一月、第一回「うぐいす住宅建て替え説明会」が地域住民を集めて、うぐいす住宅と道路を挟んだ向かい側にある乗泉寺の講堂で開催された。近隣住民の一人として、筆者もこの説明会に参加している。

会場正面のヒナ壇には、うぐいす住宅建設委員会の女性を含めた建設委員、横には建設コンサルタント（のちに、先に挙げた渋谷区派遣の別人であることが判明）が並び、後列に並ぶ男性は、この建て替えの事業パートナーとなる西松建設の社員であった。そして、会場の参加者と向かい

乗泉寺（10ページの地図参照）

合う中央の台上には、白色の発泡スチロールで制作された超高層のマンション模型が敷地の地形に合わせて据えられていた。

住宅組合から選出された建設委員会の代表は、「うぐいす住宅建て替え試案」について説明ができるという喜びを隠しきれない様子で、建設から四七年が経過し、建物とともに間取りも設備も老朽化が進み、高齢者は階段の上り下りにも困難をきたすほどで、「予想される直下型地震にはまったく無防備」であり、「生命の危険」を覚え、安心した日常を過ごせる「終の棲家」を求めることが念願となっている、と話を続けた。

一九九六（平成八）年に行われた本体建物の耐震検査の結果では、震度6～7が限界であったが、4号棟の屋上にある水道タンクは震度5～6で危険であることが判明し、「万が一のことを考えると不安は増すばかりである」とも発表している。この日を迎えた喜びは上気しており、建設委員会の代表は興奮を露わにしながら話した。

ところで、「うぐいす住宅建設委員会」が作成した配布資料には、以下のような試案が書かれていた。

——第1案　総合設計制度の導入による七階建て七棟七〇〇戸案
——第2案　用途地域変更による高さ制限の撤廃による超高層二棟案

第３案　同変更による超高層一棟案
第４案　同変更による超高層二棟案
第５案　同変更による超高層三棟案

そして、「代官山同潤会アパート」の住民が三六階建ての超高層マンション「代官山アドレス」を完成させたことを手本として、うぐいす住宅組合員の一致した意見として、まちづくりによる建て替え計画を目指すことになったと説明した。

うぐいす住宅組合の建設委員は、都市計画法と建築基準法について専門的な知識と技術をもつ企業である西松建設を紹介されて、四年にわたって勉強会を重ね、さらに渋谷区の建て替え了解まで取り付けたという経過を述べながら、「老朽化した建物」、「予想される地下直下型地震」、「生命の危険」、「住民全員の発意」といった言葉を繰り返し、自分らの計画にもそれが当てはまると主張した。それを聞いていた住民は、「代官山同潤会アパート」や公団住宅に住むことがステータスであった時代のことを思い出していた。

また、壇上の同委員は「代官山アドレスの成功に触発された」と強調し、入居者たちは土地を提供しただけで、自分らの懐を痛めずに、建て替えによって「終の棲家」が入手できたと話していたが、羨望にも似た伝聞だけの話が現実にあろうはずはなく、困難を切り開いて大事業を成し遂げた代官山組合員の労苦を侮辱するかのように感じた。

うぐいす住宅組合が手本とした「代官山同潤会アパート」の再開発は、長年にわたる「再開発運動」から住民同士の合意によって法律に基づく「再開発組合」が結成され、都市計画決定による地目変更に至るまで、忍耐とともに複雑な手続きに四年余りの道程を経ている。さらに、工事が開始されてから完成までに六年かかっているので、都合一〇年の歳月を費やして「代官山アドレス」が誕生したことになる。渋谷区も、職員を一人出向させるほど力を入れていた。

聞くところによると、一九一〇年代に「代官山同潤会アパート」が誕生してからの入居者はごく少数で、その後の相続や又貸しなどで権利者は六〇〇人に及び、それを平等に扱うのは至難の技であったとも聞くが、それを見事に整理して完成に導いたということである。それに比べて、うぐいす住宅組合の建設委員の主張は、自ら処理して解決すべき問題と、行政の指導によって解決されるべき問題を混同していたほか、自己の焦りをあたかも時代に取り残された被害者であるかのような思い込みとして訴えるような論調となっており、同情はしても、協力しようにもできないような内容であった。

まちづくりではなく「まち壊しである」と、住民は提案を一蹴

質疑に入ると住民は、中央に置かれた超高層マンションの模型は「シンボルにはなりえない」

と指摘し、撤去要求をはじめた。建設委員は、「イメージづくりのために制作したものである」と言い訳しながらも撤去に応じたが、「試案」に書かれている総合設計制度の導入による「七階建て、七棟、七〇〇戸案」を含めたいずれについても、その論拠を示すことができなかった。さらに住民が、この計画は地域の環境破壊にすぎないと詰め寄ると、建設委員とコンサルタントは、質問者を納得させる説明ができないまま壇上で立ち往生するほかないといった様相であった。

この「試案」が地域住民に受け入れられる目算もなく、その場かぎりの荒唐無稽な夢物語であることは明白であり、住民側は「これはまちづくりではなく、まち壊し計画だ」と言って一蹴すると、会場内では一斉に拍手が起こった。以下は、地域住民と建設委員が交わしたやり取りである。

住民　この第二種低層住宅地に、高層住宅やさらに超高層住宅を建てると言うが、これは何のためのものか?

委員　あくまでも、まちづくりのための試案にすぎないものです。

住民　試案であろうと、法律に基づいた計画を立てるべきではないのか!

委員　地域のまちづくりのためです。

住民　地域のまちづくりによって「得」をするのは誰なのか?　地域社会を壊してまでして、委員であるあなたたちが住居を労せずして得られるとは不公平のかぎりである。
委員　現在の住居の狭隘さや老朽化、予想される大震災の危険を回避することが目的です。（これを繰り返すだけで、挙げ句の果てに立ち往生してしまっている）

また、住民側から「建て替えは自分らだけのためのものではないか！」という質問もあった。これは急所を突く質問であり、壇上にいる建設委員は困惑するばかりで、まともな返答をすることができなかった。それにしても、西松建設のコンサルタントが「この計画は試案にすぎない」と、同じ言い訳を低頭して繰り返す姿には呆れてしまったことを覚えている。

近隣住民は、うぐいす住宅組合の立場には同情できるが、応援しようにもその具体的な手立てが見つからなかった。このような荒唐無稽な独善的な計画を聞きながら、反対の声で会場は埋まったわけだが、うしろに控えた西松社員は建設委員やコンサルタントの応援をするわけでもなく、緊張した面持ちで沈黙していたことを印象深く記憶している。

この「うぐいす住宅建て替え試案」は、都市計画法・建築基準法に違反するばかりか、この地域の環境や景観を破壊するだけであったと言える。「ここに住むすべての住民の安心と安全」という基本に裏打ちされた、「地域の住民と協力しあって、より良い居住空間をつくり上げていこう」という言葉は、建設委員から一切出てこなかった。

募る住民の懐疑心

その後、二〇〇五（平成一七）年四月に二回目となる説明会が開かれたが、前回とは異なる「コンサルタント」と称する職業的な仕切り屋が登場し、初回に否定された建て替え資料を金科玉条のごとく繰り返すだけであった。具体的な建て替え案を示すことができないまま、住民側の騒然とした声が司会者の発言を圧倒し、地域住民は総立ちになって建て替え反対の意思を再度表明した。

翌年の一一月に三回目となる説明会が開かれたが、このときの司会者は、またも前回とは異なるコンサルタントが務めている。開会時から前回と同じ説明を繰り返すと、場内は騒然とした声に三たび包まれて、説明する声はとても聞き取れるものではなかった。コンサルタントの男性が、住宅組合の建設委員でもないのに「近隣の家々を一軒一軒回って、協力をお願いする」と叫んでいたが、住民側の「再開発絶対反対」の声はそれを完全に圧倒した。

そのとき、司会者がうしろの席に座っていた西松建設の社員にマイクを向けた。すると、同社員は「待ってました」とばかり壇上の中央に進み出て、自らの名前を言うこともなく、必死の思いを込めて次のように叫んだ。

「次回には住民みなさまが納得できる具体案を提示するので、待って欲しい！」

一瞬、会場が静まり返ったかのように感じたが、住民による拒否の声は変わらず、会場を圧倒してこの日も散会となった。
ところで、説明会を前にして配布された「経過年表」を参考までに掲げておこう。もちろん、うぐいす住宅組合が作成したものだが、そこには、「幅員別道路現況図」と「建物現況図・公園分布図」も含まれていた。

平成七年　阪神・淡路大震災
　八年　耐震審査、この頃からうぐいす住宅建て替えの検討を開始
一〇年　うぐいす住宅より西松建設に共同建築の要請。無回答
　　　　渋谷区よりコンサルタント派遣制度を活用、五回の検討会開催
一二年　西松建設より建て替えへの参加表明（代官山アドレス完成）
一三年　両者の勉強会開始
　　　　建設委員会は鶯谷協和会、鉢山町会、猿楽町会役員に、数回にわたってうぐいす住宅建替えに関する進捗の説明

この「経過年表」は、メモの域を出ない「覚書」にすぎないものであるが、同組合が長年にわたっていかに再開発に取り組んできたのか、その執念と熱意を示す証拠となる。願望と依存だけ

で立ち上がった組合員に対して、いったい渋谷区はどのような指導および対応をしたのだろうか。

渋谷区と西松建設の接点

この「経過年表」によれば、一九九八（平成一〇）年に同組合は「渋谷区よりコンサルタント派遣制度を活用、五回の検討会開催」となっているが、住民説明会において司会者が三回の検討会開催について答弁までしていることに筆者は疑問をもち続けていた。そこで、第一回の説明会から一〇年余りが経過していたが、年表にあるコンサルタントが当時果たした役割を知るために「渋谷区まちづくり課」を訪ね、情報公開によって、コンサルタントが行った「報告書」の提出を求めることにした。

その目的は、「うぐいす住宅建て替え計画試案」が、当初から「用途地域変更」を伴う「総合設計制度の導入による高層マンション」と「超高層マンション計画」を目論んでいたのではないかという経緯を知るためであり、建設省（当時）の認定を受けたまちづくりのコンサルタントが、専門的職業人としてそのような指導を行うはずがないことを確認することであった。

渋谷区まちづくり課は、最初は「調べようがない」という回答であったが、テーマが特定していたために一件が判明した。また、それが該当する案件において五回の記録があり、都合二五万円が支出されていることも確認できた。そこで、「支出があれば報告書が存在するはずだ」と筆者が伝えると、課員は内部を調べてくれたが発見することはできなかった。「五回の検討会開催」は、建て替えについての初歩的な学習をしたものであったと推測できるが、すでに五年以上が経過しており、報告書は廃棄されていた。

そこで、コンサルタント会社の名前を聞き出して、後日、同人と話す機会を得ることにした。同人は、組合員全員を対象に五回の検討会に出席して、「まちづくりの基本」について話をしたことは記憶していた。また、具体的な提案として、「事業パートナーとして鹿島建設を推薦したことは覚えているが……」と答えたが、内容のほとんどは忘れてしまっており、渋谷区に提出した報告書も保存していないということであった。さらに、「西松建設については推薦も紹介も一切していない」と否定し、「住民説明会にコンサルタントとして出席しただけで、司会をする資格もないし、事実行っていない」と言明し、「渋谷区が紹介した仕事はこれだけであった」と断言した。

説明会においてコンサルタントに促されながら、名乗ることもなく発言したのはいったい何者であったのだろうか。三回目の説明会の折、最終場面で西松建設の社員による発言を演出したのはコンサルタントであり、この「仕切り請負人」が騒然とした会場で同社員にマイクを向け、「次回には住民みなさまが納得できる具体案を提示するので、待って欲しい！」という発言を引き出しという役割を担ったのだ。

素人集団としてうぐいす住宅組合が建て替えを目指し、西松建設へ最初の要請を行ったのは一九九八（平成一〇）年であるが、これに対して同社は回答を保留している。同時期、この土地の有効活用については同社も渋谷区と接触中であり、渋谷区の支援を受けたマンション計画に参画できることは欠陥敷地から抜け出すまたとない機会であり、当時の閉塞状態から抜け出し、付加価値を高めるほか、事業パートナーとして参加することは名誉であった。そして、この時期から賃借人を順次立ち退かせていくことになった。

とはいえ、住宅組合のほうも渋谷区を頼り切るだけであったように思う。西松建設の資金や技術力、事業実績など調べたうえで決断し、事業の分担や責任の所在を明確にした協定書を締結したうえでの組合発足であったのだろうか、という疑問が残る。

経過年表によれば、一九九八（平成一〇）年に「うぐいす住宅より西松建設に共同建築の要請」を行い、二〇〇〇年に「西松建設より建て替えへの参加表明」、二〇〇一年に「両者の勉強会開始」とあるが、経験豊富な西松建設が素人集団の住宅組合と「試案」発表会（二〇〇四年）までの三年間、どのような議論を積み重ねてきたのかについては不明である。同時に、渋谷区が行ったであろう助言と指導の内容も同じく明確にされていない。

想像するに、うぐいす住宅組合と西松建設が共同して作成した「試案」を公表前に渋谷区に示して内諾を得た際、一夜漬けにも等しい「試案」に渋谷区の誰かが「内諾」を与えたものと思われる。この計画についての本格的な論議の形跡がなかったことからしても、渋谷区が行ったのは、両者に対してコンサルタントを派遣し、その人物に「丸投げ」しただけであったと考えられる。

さて、渋谷区から指名された西松建設だが、都市計画法・建築基準法、再開発の諸手続きを含めて、素人集団のうぐいす住宅組合員を教導するとともに、渋谷区の期待にこたえ、地域のモデルとなる理想のまちづくりのために勉強を続け、住民説明会の準備を計画的に行っていたのであろうか。また、一夜漬けの「試案」で住民説明会が乗り切れないことぐらいは分かっていたと思うのだが、そうであれば、コンサルタントと称する仕切り屋を舞台に上げて、進行や答弁まで任せたのはいったい誰なのかという疑問が生じる。

言うまでもなく、発泡スチロールの超高層模型を制作できる技術をもっているのは西松建設である。荒唐無稽の「うぐいす住宅建て替え試案」を準備しながら、密かに渋谷区長と通じて、うぐいす住宅組合を祭り上げるという筋書きをつくっていたのだろうか。また、住民説明会の日程を決め、「試案」作成という提案をしたのは誰だったのだろうか。建設委員は「渋谷区の了解を得た発表である」と繰り返していたが、説明会場の中央に発泡スチロールの模型を準備したのは、悪ふざけがすぎるものであったと言える。

うぐいす住宅組合の老齢幹部が足を引きずりながら、訥々《とつとつ》とした口調で建て替えを必死に訴えていた情景が思い出されるが、「老朽化した建物」、「予想される地下直下型地震」、「生命の危険」、

「住民全員の発意」を繰り返している最中、壇上の後ろに控えていた西松建設の社員は無表情で沈黙を通し、この老人集団を背後から襲い掛かるための準備をしていたのだった。

振り返ってみると、二〇〇四年に開催された第一回目の住民説明会以来、司会者はこうした事案に手慣れた仕切り屋であり、中立性を装うためにコンサルタントの名前を使用していたのであろう。第一回の「試案」が否定されたわけであるから、次回は修正案が出されるというのが普通であるのに、それが出されないどころか、次々回も代替え案が提出されなかったというのもすべて予定されていた筋書きであったのだろう。

三回目の説明会では、壇上にいる建設委員を置き去りにして、主役でもないコンサルタントが建て替えのお願いを繰り返していたが、すでに耳を傾ける住民はいなかった。そして、形勢不利を悟ったコンサルタントが、最後には形相を変えて「近隣の各戸を回って協力を要請する」とまで発言したわけだが、それを聞く者はいなかった。

説明会の最終場面では、地域住民は一斉に立ち上がって建て替え拒否の意思を示した。そして、ようやく次回に西松建設が前面に出て、本格的な建て替え計画を提出するという約束をしたわけだが、その声は反対の声にかき消されてしまった。地域住民は当初から断固として建て替えを拒否し続けているのに、住宅組合は当初の建て替え計画に固執し続けている。また、コンサルタントも一心に同調支援を続けたが、西松建設の社員は先の発言以外は沈黙を続けることに終始した。

それでは、四回目となる説明会はどうであったのだろうか。それについては次章で語ることにする。

近隣町会長への説明は、建て替えの地ならしでしかなかった

桑原区長は、都議会議長の経験のある小倉氏が区長を務めていたときの副区長であったが、小倉氏の息子が大麻所持法違反によって逮捕されたため、同職から後釜に据えられて区長になったわけだが、副区長時代を通じて代官山再開発計画にかかわり、共同住宅計画の実際を学び、次のうぐいす住宅建て替え計画にその経験を生かしたことについてはすでに記した。

そもそも桑原区長には、うぐいす住宅の建て替え計画に関して、都市計画法と建築基準法を守ることに対して当然の責務がある。しかし、自らが「渋谷駅周辺都市再生緊急整備地域」の決定に主導権を発揮していた時期にあったにもかかわらず、これらを無視して、拙速に再開発を推し進めていた。さらに、都市計画法変更による再開発は無理にしても、当時は東京都に総合設計制度の許可は東京都に握られており、「再開発」を「建て替え」に言い換えるなどして、自前の「渋谷区総合設計要綱」を準備していた。

確かに、代官山同潤会アパートの再開発が五〇一戸であったのに対して、うぐいす住宅の建て替えは七〇〇戸を超える共同住宅建設計画であり、これが完成すれば近年の住民税の減少傾向か

ら脱却することができる。それを予測したうえ、東京都に対しては固定資産税の増収につながるということで説得しやすかったのだろう。

渋谷区長は「区内でこんな再開発の動きがある」という話題から出発し、うぐいす住宅の建て替え計画に関する東京都への打診段階においては、うぐいす住宅建て替え組合名と住所、そして件名の概要を雑談で伝えるに留めるなど、完成の目途のない絵空事の試案を小分けにして東京都の内諾を得たと考えられる。そして、東京都がその内容の詳細に関与しないことを前提に、「首長は住民の生命・財産を守る責任がある」を念頭に置いて、超法規的に通り抜けられる方策を代官山の再開発で学んでいたにちがいない。

また、渋谷区長は、うぐいす住宅組合が脆弱な組織であることを知っていたことだろう。たとえこの組合が主役から脱落するような事態になっても、西松建設が事業パートナーとして後衛の役割を担い、事業の継続ができることを東京都に伝え、近隣町会長の賛同を得ていることも加えたうえ、万が一の際には次に控える企業があることも補足して伝えていたとも思われる。これが、主眼としていた「試案」、二万七〇〇〇平方メートルもの大規模建て替えへの布石であったのではないかいう疑念が深まった要因である。

ところで、桑原区長とその取り巻きは、実現できるはずもない大規模なうぐいす住宅の建て替え計画について、最初から住宅組合と西松建設に任せたまま経過を見つめるだけで、素人集団を利用して、「二階に上げて梯子を外す」ということをあらかじめ目論んでいたと思われる。言うまでもなく、これは区民のためのまちづくりという視点からは、まったく正反対なものと言わざるをえない。

そして、二〇〇六（平成一八）年の説明会では、前述したような経過年表が発表されたわけだが、西松建設がこの大規模なプロジェクトに参画したのは、この稚拙な計画に参加しながらも黒子に徹し、一時《いっとき》を辛抱すれば未熟な集団から主導権を奪って、自社の利益獲得に走れるという絶好の事案と考えたからではないだろうか。

経過年表（四五ページ）を振り返ってみよう。二〇〇一（平成一三）年には「鶯谷町会、鉢山町会、猿楽町会」の各役員に、数回にわたって住宅建て替えにかかわる進捗について説明報告を行った、とある。これは前区長の指示によるもので、開発計画の説明とともに、開発賛成の意見を集約するための手続きの一つであり、地域住民は蚊帳の外に置かれたままであった。住宅建設委員会は、地域自治会役員と数回の説明会を開催して、「うぐいす住宅建替えに関する進捗状況の説明報告」を行ったのは再開発賛同のとりまとめをするための手法であり、代官山計画から盗み取ったものである。それが、次の計画の準備に利用されることになった。

地域住民に対しては、建て替え計画の情報はひたすら秘匿したわけであるが、この手法はその後にハコモノつくりの手法として桑原区長が取り入れており、「各自治会長からは全員賛成を得ている」という形式的なフレーズの濫用につながっている。

このように、区議会に諮ることもなく、区長の起案する事案を都合よく運用する有力な手法となったわけだが、実はこの手口、区長在任中は東京都への報告や説明においてもしばしば使われている。本件がそうであったように、これに気付く住民はいなかった。というより、気付かせないという巧妙さがあり、区民を「欺罔《ぎもう》」する手口であったと言える。

第4章　本命の「ラ・トゥール代官山」の建設へ
――桑原区長、住友不動産、西松建設

手はじめに「エバーグリーンパークホームズ」の土地を住友不動産にあっせん

「民はこれに由らしむべし、これを知らしむべからず」

『論語』に出てくる孔子の言葉であるが、その意味は、為政者が定めた法律によって人民を従わせることはできるが、その法律の道理を理解させることは難しい、ということである。「人民は法律に従わせておけばよいもので、その意義や道理を理解させる必要はない」とも解釈されているが、為政者は愚鈍の人民に対して、詳細な法律の説明よりも放っておくほうが都合よいということである。

二〇〇七（平成一九）年の正月気分が抜けたころ、新聞各紙には西松建設の不正政治献金に関する記事が大見出しとともに一面に掲載された。その内容は、同社の海外からの不正裏金資金のもち込みが発覚し、東京地検特捜部が前社長を外爲替法違反で逮捕するとともに、同本社の家宅捜査が行われたことを明らかにするものであった。ご存じのように、政界にまで波及する緊急事態となった事件である。

同社の不正政治献金の手口を簡単に説明しておこう。

海外で得た利益を同社ＯＢでつくる「政治問題研究会」と「未来産業研究会」という政治団体を通じて、自民党と民主党の支部に約一〇年余りにわたってパーティー券の購入名目で政治献金をしていたわけだが、そのお金は、社員に対する特別賞与という名目を装ってキックバックしていた。巧妙かつ悪質なやり口による政治献金が発覚したわけだが、さらに同社が主導した談合事件まで摘発されたことで、社長らは責任をとって辞任せざるを得なくなった。

このニュースをうぐいす住宅組合が知ったのは、四回目となる説明会が開催される日の直前であった。数日後、説明会の中止が知らされるチラシが地域の各戸に投げ込まれた。これが渋谷区と西松建設が協議したうえでのものであったどうか、今日においても不明のままである。

ところで、このニュースは新聞・テレビで大きく報道されたゆえ、桑原区長以下の幹部に計り知れない衝撃を与えたはずであるが、その動向が区民に伝わることはなく、時間だけが経過していった。桑原区長には、うぐいす住宅建て替え計画の積極的推進者として、まずはうぐいす住宅組合と地域に対して西松建設の不祥事を謝罪するとともに、この地にふさわしい「渋谷駅周辺再生緊急整備地域」を適用した立場として、次世代に恥じないまちづくりを目指すべき責任と義務があったわけだが、その後の対応についての説明に関しては放棄したままであった。

西松建設に関して言えば、第一回の説明会以来、住民の大反対に直面しながらも沈黙したまま引き延ばし、三回目の説明会では、最終場面に怒号渦巻くなか、「次回にはみなさの納得のいく再開発案を提示するので、待って欲しい！」と言ってきたわけであるが、事業パートナーとして、よくも平気でこんな発言できたものだと感心してしまう。「住民を馬鹿にするのもいい加減にしろ！」と、改めて声を大にして叫びたい。

そして、蛙は巨竜に呑み込まれる

西松建設は、「エバーグリーンパークホームズ」と名乗ってこの地で四〇年以上にわたって賃貸住宅業を展開し、本格的な建て替え事業の共同責任を負う立場にあったが、不正行為によって事業から撤退することになった。驚くことに、そのことを地域に対して詫びることもなく、まさしく社会的な責任を放棄したままこの街から夜逃げ同然のように去っていった。そして、うぐいす住宅組合の夢は、言うまでもなく惨憺たるありさまとなった。

翻ってみれば、この地域は都市計画法において第二種低層住居専用地域であり、都市計画法において、建蔽率六〇パーセント、高さ制限一二メートルと決められており、渋谷区も「渋谷駅周辺再生緊急整備地域」であることを作成中であり、総合設計制度に対して住民は、三回の説明会においても終始拒否してきたのである。

しかし、区長とその取り巻きの開発論者は、この地域が開発において邪魔物であることを常々知っており、第二種低層住居専用地域に楔を打ち込み、やがてそれを突破口にして渋谷駅街区から外周を結び、代官山から中目黒まで、そして恵比寿から中目黒に至る広域エリアの開発を進める絵を描こうとしていたのではないだろうか。そして、東京都の計画道路である桜ヶ丘町から西郷山トンネル、目黒方面につなぐ計画を密かに準備していた。

桑原区長の考えの根底には、都市計画法の第二種低層住居専用地域を「渋谷駅周辺再生緊急整備地域」に指定をすることで、都市計画法を骨抜きにする再開発を推し進めようとする狙いがあったように思われる。また、勢いのあるほうに加担するという資質の持ち主でもあり、ブレーキを踏みながらアクセルを踏むのも似た無定見《むていけん》さに通じるようにも思える。

事実、桑原区長は、すでに区内での企業活動を通じて生まれた親密な関係を生かして、西松建設の瑕疵《かし》物件《ぶっけん》を早い時期から「斡旋」するほどであった。区長はうぐいす住宅組合員を裏切り、事業パートナーとして自ら推薦した西松建設の救済を優先し、かねてから親密な関係にあった住友不動産に、渋谷区鶯谷町一三番にあった西松建設の土地の所有権を「欺罔《ぎもう》」によってあっせんしたのである。

これに関する記事が新聞の片隅に載ったのは、二〇〇七（平成一九）年三月のことだった。新聞報道で知った地域住民は、住友不動産の出現に対して「手強い相手である」と直感した。なぜなら、この開発計画を先導して渋谷区を動かした背景には、東京都を含めた巨大権力がかかわっているということが初めて感じ取られたからである。

住友不動産の買い取り金額は二五五億円である。この「あっせん」の手法は、地上げ業者による脱税事件によって宙に浮いた南平台の土地を、住友不動産に買い取らせた手法から学んだのであろう。不正政治献金問題で危機に瀕していた西松建設にすれば、ボトルネックでもてあましていた土地を桑原区長の「あっせん」で住友不動産に売却できたことは僥倖《ぎょうこう》以上の何ものでもないと思われるが、脛《すね》に傷を負った身としては、唯々諾々《いいだくだく》とこの「あっせん」を飲まざるを得なかったというのが実情だろう。

うぐいす住宅組合員の夢は、桑原区長の甘言に翻弄され、はかなく消え去ることとなり、巨大企業の私益に利用されただけあったが、住友不動産と区長の癒着構造を知る由もない地域住民は諦める以外に術《すべ》がなかった。しかし、この不可解なことの成り行きの深奥を知ろうとする怯まない精神の持ち主、すなわち私がいた。

そして、筆者は、この「あっせん」にはもう一つのからくりが隠されていたことを、疑惑の発覚から一四年経った二〇一九（平成三〇）年に突き止めた。それは、筆者が法務局へ請求した「全部事項証明書（土地）」によって判明したことだが、「エバーグリーンパークホームズ」の土地が二〇〇五（平成一七）年一〇月二〇日には住友不動産に「所有権移転請求権仮登記」され、さらに同物件は同社に「所有権移転」がされていたことである。

仮登記をした日に注目して欲しい。一〇月二〇日とは、同年一一月に開催された「うぐいす住宅建て替え試案」の二回目となる説明会の一か月前であった。この事実が意味するところは、すでにこの段階で西松建設は一万七〇〇〇平方メートルの土地を手放すことを決めていたということである。少なくとも、この段階ではうぐいす住宅の土地と合算した大型開発は、住友不動産に委ねられるという「流れ」がすでにでき上がっていたと言わざるを得ない。桑原区長自らが、共同事業者であるうぐいす住宅組合に事前の相談もせず、了解を得ないまま、第三者である住友不動産へ一万七〇〇〇平方メートルの土地を仮登記しておきながら、翌年の住民説明会には素知らぬ顔で出席していた態度は、欺罔《ぎもう》以外のなにものでもない。

二五五億円での売却は、表向きは不正政治献金で困窮した西松建設の救済と見えたが、この絵を描いた人物による遠謀深慮《えんぼうしんりょ》だったとすれば、その人物が誰であるかは明らかである。この買い取りの様態は、資本金一二〇〇億円を超える「巨竜」が二三〇億円の「蛙」を飲み込むという弱肉強食そのものであった。

だが、この「蛙」は住友不動産の懐に入り込み、「(仮称)渋谷鶯谷町開発計画」の建設会社として参加するしたたかさをもち合わせていた。いや、これも西松建設に三行半《みくだりはん》をくだした桑原区長が、利益をもたらすために配慮したものではないだろうか……。そして、うぐいす住宅組合による建て替え計画は、二〇〇七年一一月の説明会中止をもって振り出しに戻ることになった。

第5章 住友不動産は一切の妥協を許さない強権で説明会にのぞんだ——二〇〇七（平成一九）年四月二五日

二〇〇七年四月二五日、住友不動産は「（仮称）渋谷鶯谷町計画」の「住民説明会」を開催するというチラシを近隣に配布した。その会場は、うぐいす住宅建て替え計画の会場と同じく乗泉寺の二階にある講堂であった。正面には大型スクリーンが準備され、その前のひな壇には同社の開発担当部長が座り、その左右には同社員と日建設計（設計担当）、後列には西松建設（建設担当）の社員が並んだ。

開会前の雰囲気は警戒心で静まり返っていたが、同社の強引な開発手法はすでに世間で知れわたっている。この地域の主人公になった同社から何が話されるのかと、緊張の面持ちで住民側は開会を待った。あたかも、強権をもった「占領軍」と占領地の「住民」とも言えるような対比であった。

同社を代表して説明した部長以下の社員はみな自信にあふれており、参加した住民には緊張した雰囲気だけが漂っていた。司会者は部長代理という肩書きの名刺を使用していたが、うぐいす住宅建て替え計画のコンサルタントと名乗る男と同類の「仕切り専門屋」であることが直ちに判別できた。

説明会はこの開発事業の責任者である部長の挨拶ではじまったが、ごく一般的、形式的な挨拶に終始しており、西松建設の土地を取得した経過には一切触れることがなかった。さらに、うぐいす住宅組合と西松建設の共同事業が計画だけで終わってしまったこと、その理由を聞きたいと思う者の気持ちをはぐらかせるものでもあった。この日に提出された住友不動産の計画概要は次ページに示した通りである。

計画の具体的な説明に立った部長補佐と名乗る男は、歯の浮くような丁寧語を使用し、なめらかな弁舌と歯切れのよさを特徴としていたが、いささかの人間味も持ち合わさないという職業的な仕切り屋の任務を全うするかのようにして議事を進めた。挨拶が終わると、部屋の照明を落として、大型スクリーンに開発地の「位置図」が映し出された。レーザーポインターで所在地の位置と境界を示し、前面道路が「渋谷区特別区道462号」であるという説明に合わせるかのように、参会者は配布された印刷物のページと見比べた。

しかし、この「位置図」に示された渋谷区特別区道462号は、渋谷区には存在しない架空・偽作

計画名称	「(仮称) 渋谷鶯谷町計画」
所 在 地	渋谷区鶯谷13番（住居表示）
公法規制	第２種低層住居専用地域
	建蔽率　60％
	日影規制５h － ３h ／測定面高さ1.5m
	容積率　200％
	高さ制限　絶対高さ12m
	第２種高度地区
敷地面積	15,718.46m²
建築面積	7,076.20m²
延床面積	49,361.93m²
構造・規模	鉄筋コンクリート造・６階建、地下２階
用　　途	共同住宅
総 戸 数	153戸　駐車場214台
建 築 主	住友不動産株式会社
設 計 者	日建設計

の道路で、詳しくは後述するが、正式な名称は「渋谷区特別区道432号」あることが住民の指摘で明らかになった（詳細は一六二から一六四ページ）。そして、この架空・偽作の地図が、当日の説明会に配布された書類にも、その後、同社が渋谷区に提出する際に添付したすべての書類、開発計画申請書や建築確認申請書に添付した書類、さらには株式会社都市居住評価センターを含めて使用されることになり、当初は間違いを指摘した住民、および裁判所さえも「特別区道462号」を使用することになってしまった。

スクリーンには、周到に用意された建築画像が次々と映し出された。高さ制限を一七・九五メートルに緩和して、鉄筋コンクリート造、地上六階、地下二階、全一〇棟、一五三戸、駐車場は一九五台というマンション計画であると、観る者の関心と興味を引き寄せたあと、解体工事、埋蔵文化財の発掘作業までと続き、敷地の一部を道路・公園として提供することになると、大型スクリーンをレーザーポインターで指しながら説明員の話が続いた。

さすがプロ！　なめらかな口上と進行は手慣れたもので、この地域が第二種低層住居専用地域であることを「従来の一般設計」と呼び替えるだけでなく、初めて聞く「総合設計制度」が時代的な新しさと優れた制度であるかのように説明し、一般設計の「四階案」と総合設計の「六階案」を比較し、後者の優位性を言葉巧みに誘導していった。つまり、「都市計画法」と「総合設計制度」を同列に扱い、「総合設計制度」は前者を越えた優れた制度であり、新時代に適したものであると住民に思い込ませたわけである。

そして、この制度を、都市計画法で定められた建築制限に対して公開空地を提供する見返りに市街地環境の整備改善に資する計画として評価し、容積率、高さ制限、斜線制限などを緩和するものであると強調するに留め、初めて聞く住民に対して丁寧に説明することはなかった。

「総合設計制度」は建築基準法で特例的に緩和を認められた制度の一つにすぎず、「自己保有の賃貸マンション」であると聞いても、「マンスリーマンション、ウィークリーマンション、レンタルルームには該当しません」と述べられても、まさかこの地にそれが建てられるはずはないと思い込ませるには十分なものだった。参加者を自社計画に誘導賛同させるために、同社がこれまでに経験してきた説明会において磨き上げてきた手法を駆使しながら披露するといった話し振りであった。

先にも述べたが、そもそもこの敷地は出入り口が一か所という、旗竿型（前掲参照）の行き止まりという欠陥敷地である。一棟の建築物でありながら一〇棟であると見せかける建物は、当初から都市計画法および建築基準法に違反するものなのだ（完成後の二〇一〇年九月、東京法務局支部社出張所から一〇棟の申請を取り消され、一棟に変更を命じられた。詳細は一八〇ページを参照）。

さらに驚いたことに、この計画はすでに地域の町内会や学校の了解を取っていると言って、手回しのよさを披露することで住民を圧倒した。だからといって、この計画が地域社会への貢献や発展、また地域に及ぼす環境への影響については説明されることはなかった。言うまでもなく、住民との共生やまちづくりについての理念や、社会的責任・社会的貢献についても一切触れることはなかった。

説明会は夕刻の六時半からはじまり、八時半までと決められていた。ようやく最後の質問時間がやって来たのは閉会間際であった。

一人の質問者が終了間際に立ち上がって、「うぐいす住宅とエバーグリーンパークホームズ建て替え計画は西松建設がやると聞いていたが、今日、御社（住友不動産）に代わった理由は？」と質問したら場内に一瞬緊張が走ったが、「それは無関係である」と、司会者が切り捨てるように回答した。まるで用意していた回答を読み上げるにも等しいもので、一斉に起こったブーイングさえも無視した。

それにしても、同社の質問回答の手口は凄かった。重要な質問であれば担当社員がたちまち駆け寄って住所を聞き出し、後日、質問者宅を訪問して個々に説得するという手法を取り、会場での「発言封じ」を見事なまでに行っていた。逆に、都合の悪い質問は後回しにされてしまい、時間切れで終了するという手法であった。第三者的な言い方をすれば、「見事」としか言いようがなかった。

「(仮称）渋谷鶯谷町計画」の配布資料と説明会の違い

「(仮称）渋谷鶯谷町計画」の説明会は司会者の巧みな話術で終えたわけだが、その後に配布された「説明会配布資料」を読み直してみると、説明会での発言との間に大きな違いがあることが分かった。最初の「事業の進捗状況」は、この計画の基本的な状況の説明において、住民だけでなく渋谷区や他の関係官庁などに提出することを念頭に置いて書かれたものであるが、配付資料を見ると、「自社保有の賃貸マンションを建築するという方針に基づき、現在、渋谷区の関係各課の窓口に本物件の開発構想について相談を行っている段階です」とか「今後、関係官庁からのご指導や商品企画上の改良により計画案は変更されることがあります」と、慎重な書きぶりとなっていた。

これによると、行政の指導や住民の要望によっては内容の変更もありうるという幻想を与えるものとなるわけであるが、その後の対応はまさしく「幻想」そのもので、住民の変更要求に対していっさい受けつけず、頑として拒絶し続けている。

続いて、「地域の健全な風紀を乱す恐れのあるマンスリーマンション、ウィークリーマンション、レンタルルーム……には該当しません」の一文が、配付資料では、「地域の健全な風紀を乱す恐れのあるマンション」ではないと強調することに留め、第二種低層住居専用地域に適合した建築計画であるかのような印象を操作するといった筆遣いに変わっていた。

「説明会」の資料では、「自社保有の賃貸マンションを建築するという方針に基づく」計画であるとしながら、「マンスリーマンション、ウィークリーマンション、レンタルルーム……には該当しません」と言い換えて、「自己保有の賃貸マンション」であると読み下してしまうような工夫の凝らしぶりである。さらにこの文節で、「第二種低層住居専用地域等に計画する『共同住宅』も手続きを要します」と結んでいる。

ここで言う「手続きを要する」とは、総合設計制度の適用を受ける共同住宅のことだが、「渋谷区総合設計制度要綱」が制定されるのは二〇〇八年三月からであり、その許可第一号が「(仮称) 渋谷鶯谷町計画」とされているのだが、それには一年の経過を待たねばならないはずである。にもかかわらず、同社の「(仮称) 渋谷鶯谷町計画」には、この制度が渋谷区には存在しない段階ですでに「手続きを要する」と書いているわけで、まるで仮想の手続きを先取りしているかのようであった。念のために言うが、そもそもこの制度は渋谷区長が議会の議決を得ないまま制定したものであり、しかも当時、この制度は東京都がまだ握っていたものである。

記録の残らない説明会では、公然と都市計画法を無視した発言を仕切り屋が続け、占領地の住民に対しては、手続きは正式にとられているので、何を言っても計画は予定通りに進める、と問答無用という態度であった。このような説明会が終わった直後、同社の社員が筆者宅に突然電話を掛けてきて、「近隣の敷地を測量させてもらっているので、一緒に測量させて欲しい」ということだったが、あいにくと多忙中であったため、迂闊にも「どうぞ」と返事をしてしまった。その後、これだけは最大の失敗であった、と悔やまれることになる。つまり、同社の都合にあわせた敷地への立ち入りは、断固拒否すべきであった。

旬日《しゅんじつ》を経た五月下旬、同社社員が一方的に、先の測量結果を踏まえた説明を住民にしたいと言ってきた。説明会は、渋谷区の施設である「鉢山集会所」において開かれたが、出席者は筆者の両隣に住むご主人を含む三名と、同社社員の二名だけだった。

この説明会の冒頭、筆者はデジタルテープレコーダーを用意し、質疑と応答を収録する了解を求めたが、住友不動産の社員もポケット型の最新のものを携行していた。双方が了解して採録した記録は現在も保存している。

住友不動産の、例の口達者の社員が用意してきたコピーを配布し、「みなさまには特別に配慮した設計計画」であると言って説明会をはじめた。その席上で、同人は「計画建物」と「既存建物」の比較図を示し、計画より建物を敷地内に後退させたことによって天空率からも日照の問題がない、と説明した。

説明を聞く三人はというと、コピーを眺めるだけで、それに反証する手立てがないという状態であった。景観・風害といったことなどを含めた問題に関して一度で結論が出せるものでないことを双方で確認しあって今日に至っているが、それ以来、境界問題を含めて一度として説明がされないまま工事が開始され、「ラ・トゥール代官山」は完成することになった。

この説明会の席上、最後に「開発による老人いじめはやめるように」と三人そろって申し入れたことを思い出してしまう。

「公聴会」という名の私企業への利益幇助を合法化する儀式

「（仮称）渋谷鶯谷町計画」の渋谷区による「公聴会」は、二〇〇七年一一月に渋谷区役所のA会議室で開催された。住友不動産側は先の部長と部長補佐が発言していたが、聞いているうちに説明会の資料を棒読みしているにすぎないことに気付いた。そして、渋谷区が公聴会での発言の要旨をあらかじめ提出するように住民側に求めていたので、筆者はその全文をコピーして提出している。その要旨は以下のとおりである。

・この計画が地域の発展に寄与する計画であること。
・日照・騒音・景観・公害・プライバシーの侵害をしないこと。
・建築物は地域と整合するものにすること。
・この計画に伴う地域の環境や生態系に影響を与えないこと。
・この計画は住民と協議・話し合いのうえ進めること。
・世界的環境保全の時代を考慮してそれに沿って建設をすること。
・企業と社会との共生の時代・公共の福祉発展に寄与すること。

要するに、これらが一言半句も記載されていないことを指摘したわけである。

さらに、同社の住民説明会で配布した「説明会配布資料」の「天空比較図」には「天空率」について、「建物を天球に投影し、それを水平面に正反射した場合の円の面積に対する空の面積の割合を指します。天空率は開放感を測る評価尺度として用いられています」と記述されているが、天空率を景観の指標に使用することには疑問が多いと指摘した。

それにしても、この文章は何度読み返しても理解できなかった。そのため、『建築学大辞典』（建築用語辞典編集委員会編、彰国社、二〇一三年）で調べたところ、次のように記載されていた。

> 被照面の一点から天空を見るときに建物などの障害物を除いた実際に見える割合。通常は％で表し、また被照面は水平とし、空内外の反射やガラスの透過率は考えない。可視天空の直接昼光照度をEd、全天空による直接昼光照度をEoとし、この場合の光束散度をR、可視天空と等しい輝度をBとし、天空率をUとすると次式［下記の式］で示される。「天空投射率」「採光率」ともいう。
>
> $$U=\frac{Ed}{Eo}=\frac{Ed}{\pi B}=\frac{Ed}{R}$$

「被照面の一点から天空を見るときに建物などの障害物を除いた実際に見える割合」と記述されているが、この「天空率」は一般市民が日常的に使用する用語ではなく、建築士などの技術者が使用する用語であって、専門知識に暗い素人を黙らせる文言にすぎない。

空の面積が広いかどうかも重要だが、人は空ばかりを眺めて生活をしているわけではない。日常生活における目線の先が巨大な建物によって遮蔽されることと、「天空率」とは無関係である。

住民の口述者は私一人で、二人は書面を提出した。建築基準法に基づく「公聴会」での公述では同時に公述要旨も提出したが、計画の見直し、縮小などに反映されないまま今日に至っている。要するに、「公聴会」とは行政が私企業の開発行為、私企業への利益幇助を合法化する儀式にすぎなかったという証明である。

さらに筆者は、開発発表当初から風害問題に関心を抱き、図書館に通って『これだけは知っておきたい　新・ビル風の知識』（風工学研究所編、鹿島出版会、一九八九年）を熟読して、風の種類には、はくり風・吹降ろし・逆流、・谷間風・開口部風・街路風・渦・吹き上げ、などの種類があることを学習した。そこで、先の説明会でも当然予想されるビル風について問いただしたが、同社員は返答に窮して、次回には権威ある風研究機関によるコメントを持ってくると回答した。

しかし、次の機会に持ってきた「Wind Style 社」が作成した報告書は、筆者が学習した書物のコピーであった。権威ある研究機関が他人の出版物のコピーを利用しながら、その出典を明確にしていないことから不審に思い、ＮＴＴの職業別電話帳を調べたほかインターネットで同社のことを検索してみたが、東京に存在する研究機関ではなかった。

そこで、二〇〇八（平成二〇）年一月二五日に開かれた最後の住民説明会の席上において筆者はこの存在しない研究機関について質問したわけだが、その場での回答はなく、二か月余りが経過したころに、同研究機関の経歴がコピーされたものが自宅のポストに投げ込まれていた。

それによると、同研究機関は新潟市に本社があり、千葉県津田沼に営業所のあることが分かった。しかし、風害の解説に関して、権威ある研究機関の剽窃《ひょうせつ》であるという指摘については一言の弁明もなかった。また、二〇〇七年（平成一九）年八月四日の説明会ではヒートアイランドに関する質問もしていたが、それに対する回答がなかったにもかかわらず、速記録には回答の要旨を収録するという改ざん行為を行っていた。

第６章

「渋谷駅中心地区・まちづくりガイドライン2007」の正体

「(仮称) 渋谷鶯谷町計画」の説明会が開催された五か月後、二〇〇七（平成一九）年九月に「渋谷駅中心地区・まちづくりガイドライン２００７」が発表された。その内容は、まるで住友不動産が説明会で配付した文書類と同じく、美辞麗句が散りばめられただけの中味のないものだった。要するに、再開発のための、再開発による、自治体と開発業者が一体となって利益を上げることに固執したもので、税金の投入を正当化する内容であり、住民生活の安全、地域環境への配慮といったことがまったく抜け落ちていた。

桑原区長と住友不動産の癒着の流れを調査する過程で、この「まちづくりガイドライン」と並行して渋谷区は、二〇〇八年三月、「総合設計制度」を区議会の議決を経ないまま制定し、住友不動産にその第一号となる許可を与えたことを知った。

この地域は、都市計画法において第二種低層住居専用地域に指定されており、建ぺい率六〇パーセント、高さ一二メートルの制限があり、地域住民はそれを厳格に守ってこれまでまちづくりに励んできた。それに対して総合設計制度は、都心部における土地の有効活用を促進するために、公開空地などの公共用地を提供する見返りに建物の容積率を緩和するというものである。

主として、この制度は住宅地以外に適用されていたのだが、都心部における土地不足から、高層建造物が本来建てられない住宅地にまでその適用が拡大されることになった。この総合設計制度の適用が、「(仮称)渋谷鶯谷町計画」の違法建築を野放しにすることにつながっている。総合設計制度については、二五五ページに掲載した「鼎談」で詳しく説明するが、ここではまず、「渋谷区中心地区・まちづくりガイドライン２００７」が渋谷区民の生活上における安全を度外視し、まちづくりに無定見で無計画なものであるのかについて、その正体を探っていくことにする。

渋谷区は、東京メトロの新線開通(副都心線)、東急東横線への相互乗り入に備えて、渋谷駅の改造と駅周辺の混雑緩和と同時に商業・住居のすみ分けについて、学識経験者、国土交通省、東京都、渋谷区、鉄道事業者を交え、「渋谷駅周辺都市再生緊急整備地域」の検討と策定に長い時間をかけて準備していた。これは、渋谷駅周辺街区の商業を営む地域と外周を形成する住居専用地域との役割分担について論議が重ねられたものだが、すでに駅周辺の都市計画が決定されて工事が進んでおり、その一部は完成している。また、住居専用地域は駅周辺の谷を冷やす役割を担うことが確認され、「緑・水を活かした谷空間の環境形成のモデルを構築し、日本の都市再生における環境整備の先導的役割を果たす」と明確に規定されている。

これ以来、渋谷を愛し、応援してくれるさまざまな人々が世代を超えて交流し、未来を語り合い、まちの将来像を見据えた取り組みを発見していく場の創設を目的として、「渋谷駅周辺都市再生緊急整備地域」についての論議が継続して積み重ねられてきた。

そして、二〇〇七（平成一九）年には、重ねられてきた論議、検討してきた経過と内容が「渋谷駅中心地区・まちづくりガイドライン２００７」として発表されたわけだが、その構成員は、学識経験者、東京都、国交省、鉄道事業者を中心にした「渋谷区駅周辺基盤整備検討会」と、渋谷区、鉄道事業者、開発予定地・まちづくり団体代表・町会・商店会などで構成される「渋谷駅周辺地域の整備に関する調整協議会」が中心であった。

ところで、渋谷駅の商業地を取り囲む周辺地域は、個性豊かな周辺部（原宿、青山、代官山、松涛など）とともに「広域渋谷圏」とも呼ぶべき独特の地域が形成されている。そこには、大使館や国際機関が数多く存在するほか、良質な住宅環境や高等教育機関も集積し、日本人はもとより、外国人にとっても「訪れたくなる界隈」とか「住みたくなる土地柄」と呼べるようなエリアとなっている。

「広域渋谷圏」はにぎわいの街と結ばれながら、「緑・水を活かした谷空間の環境形成のモデルを構築し、日本の都市再生における環境整備の先導的役割を果たす」とともに、渋谷地区の持続的な成長が大手町を中心とした「グローバルビジネスの経済力」と両輪になって牽引することによって、東京の総合的な都市力を大きく高め、アジアの玄関口になっていくということを目指すものであった。

---

1. 高齢化などの課題を乗り越え、区民が明るく安心して暮らせると同時に、渋谷に愛着を持つすべての人々がシティプライドを持ち、いきいきと過ごせる未来の都市像が見えるプランとすることです。
2. 渋谷に住む人、働く人、渋谷で学ぶ人、渋谷が好きな人が「こんなまちにしたい」「まちづくりに参加してみたい」と思いたったとき、まちづくりに参加する方法が具体的にイメージでき、一歩を踏み出せるようなまちづくりの教科書としての性格を持つことです。
3. 渋谷区の法定の都市計画マスタープランとして、これまでの取り組みの成果、それに対する評価、今後の課題と課題への対応を分かりやすく示した、具体の都市計画の指針となることです。

「渋谷駅周辺再生緊急整備地域」図

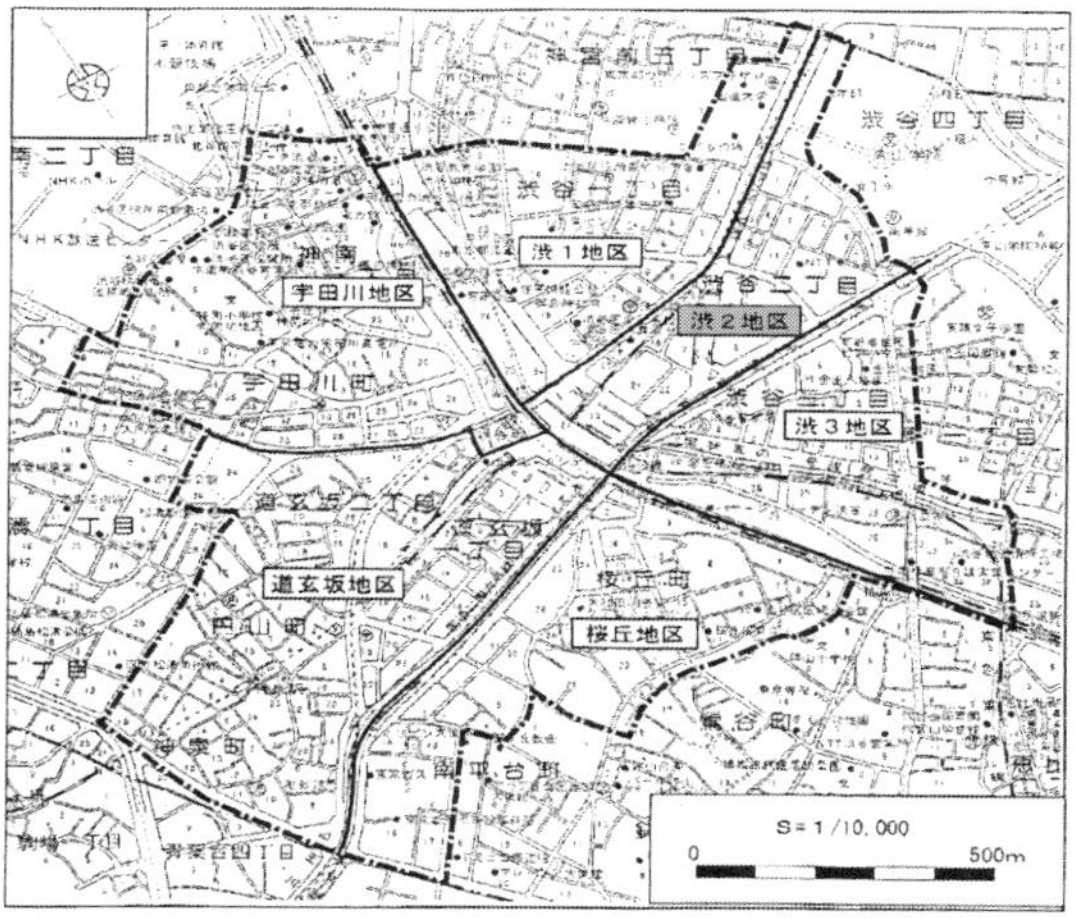

地図内の説明・地区分割

渋1地区　：JR線以東 宮益坂以北（渋谷1丁目を中心とするエリア）
渋2地区　：　〃　　国道246号線以南（渋谷2丁目を中心とするエリア）
渋3地区　：　〃　　国道246号線以南（渋谷3丁目を中心とするエリア）
桜丘地区　：JR線以西 国道246号線以南（桜丘町を中心とするエリア）
道玄坂地区：　〃　　国道246号線以南（道玄坂、円山町を中心とするエリア）
南平台地区：　〃　　文化村通り以北（宇田川町渋谷1丁目を中心とするエリア）

経緯

平成19年3月	「渋谷駅街区基盤整備検討委員会」の設置 （学識経験者、国土交通省、東京都、渋谷区、鉄道事業者）
平成19年9月	「渋谷駅中心地区まちづくりガイドライン 2007（渋谷区）」の策定
平成20年6月14日	東京メトロ副都心線の開業
平成20年6月30日	「渋谷駅街区基盤整備方針」の策定
平成20年12月19日	「渋谷駅街区基盤整備都市計画変更（素案）のあらまし」の公表
平成21年1月13日	「渋谷駅街区基盤整備都市計画変更（原案）のあらまし」の公表
平成21年6月22日	渋谷駅街区基盤整備都市計画決定・変更

「資料変更のあらまし」より

ここに記したのは、前半分が「渋谷駅中心地区・まちづくりガイドライン２００７」から、後半は「渋谷区ホームページ」からの抜き書きであるが、ここではコンセプトを含めてイメージづくりに傾いていることが分かる。前ページに示した「渋谷駅周辺再生緊急整備地域」の地図と経緯は同じくホームページで紹介されていたものであるが、よく見ていただきたい。渋谷駅周辺は、生活文化の創造・発信を形成する拠点とし、それを取り巻く周辺部が地図上で明確に分離されていたのだが、近年、それが削除されているのだ。読者の理解を助けるために再掲しておく。

賑わいの商業地域と緑の住宅地域、その棲み分けの歴史

繰り返しになるが、渋谷駅街区は三〇メートル～三五メートルの丘陵に囲まれながら時を刻んできた。そもそもこの渋谷駅界隈は、古くは相州伊勢原にある大山阿夫利神社が霊山として崇敬の流行になるとともに、「大山詣で」の休憩所として、また相模国でつくられた農産物を江戸市中に運び込むための中継地点として栄え、明治時代を迎えると、鉄道の「品川駅―赤羽駅」間の中間駅として開業されたところである。東西に通じる大山街道の、もっとも低い地盤に設けられた駅であり、ＪＲ山手線の外回りは、渋谷駅を出て北進して切り通しの原宿駅に達し、内周りは南進して代官山の崖線を過ぎれば恵比寿駅に至るわけだが、ここも切り通しとなっている。

また、都心に向かう東京メトロ銀座線は山手線の駅上から発車しながら、たちまちトンネルに突進して地下に潜っている。さらに、吉祥寺駅に向かう京王井の頭線の先頭車両はトンネルにかかっており、そこを抜けたかと思うと、次の神泉駅では地下駅になるという不思議さを備えているエリアである。

普段、これらの鉄道を利用していてもなかなか気付かない地形となっているが、これは神代の昔から今日まで変わることのないものである。つまり、これが渋谷駅周辺の特色であり、都内各ターミナルと異なる点でもある。他の駅を見回してみても、新宿駅は境界なしにどの方向にも延び放題となっているし、高田馬場、池袋、日暮里、上野、品川、五反田、目黒も同様で、いずれもが平たん地に開かれた街であり、四方に発展するだけの必然性を備えている。

このような渋谷の相貌も、関東大震災（一九二三年）、第二次世界大戦を経て次第に変化を来すようになったが、道路の拡幅によって街区の面積が減少することはあっても増加することはなかった。ただ、日々に変貌していくまちづくりに対して、内周における膨張には無防備でありすぎた。気付いたときには、狭隘な賑わいの商業地域の無節操な拡大策を止める手立てもなく、挙げ句の果て、緑のある都市公園と誇っていた渋谷駅近くの宮下公園を、区民が気付かぬうちに三井不動産の一八階建てのホテル事業に貸し付けてしまうという、暴挙とも言える離れ業を傍観するしかなかった。

「谷を冷やす」どころか、谷から街を熱するという愚かなまちづくりへ

　ところで、「渋谷駅中心地区・まちづくりガイドライン2007」を発表した渋谷区都市整備部地域まちづくり課は、その具体化として、二〇〇九（平成二一）年六月に「渋谷駅街区基盤整備　都市計画変更のあらまし」を続刊し、三年後の二〇一二年一〇月、渋谷区都市整備部渋谷駅周辺整備課は「渋谷駅中心地区基盤整備の方針」を発表している。これらは、「賑わいの谷底の商業地域」と「住みよい街の緑によって谷底を冷やす」外周との関係を、地図上において勝手にまちづくりをしているだけに等しい愚行そのものであった。

　この国の一〇〇年後の姿を予測して制定された「都市計画法」（一九六八年）は、都市区域を区分けして、「都市の健全な発展と秩序ある整備を図る」ことを目的とし、国民の生命・健康および財産の保護を図り、公共福祉の増進に資することを掲げて制定されたものである。

　一方、「都市開発法」は、都市開発事業を進めるにあって必要な手続きや費用負担を定めた法律であり、「建築基準法」（一九五〇年）は、国民の生命・健康・財産の保護のため、建築物の敷地・設備・構造・用途についてその最低基準を定めたものである。建築基準法の前身は「市街地建築物法」であり、都市計画法とは姉妹関係にある法律である。

さらに「都市再開発法」は、市街地の計画的な再開発に関して必要となる事項を定めることにより、都市における土地の合理的かつ健全な高度利用と都市機能の更新を図り、公共福祉に寄与することを目的として制定された法律である。渋谷区も、長年にわたる時間をかけて「渋谷駅周辺都市再生緊急整備地域」を明文化している。

しかし、渋谷区が作成した前掲の三部作は、「渋谷区の理想のまちづくりを目指す」と前置きし、「駅街区の基盤整備を掲げ、渋谷らしい生活文化の発信を強化し、多様な人々が訪れ、住みたくなる街づくりを推進していきます」と明記しながらも、都市計画法、建築基準法、都市再開発法との関係についてはー言も触れていない。またそれは、「渋谷区のまちづくり」を主題にした開発推進のみを強調し、「国民の生命・健康および財産の保護を図り、公共福祉の増進に資すること」を無視したものとなっている。無理を通せば道理が引っ込む——としか言いようがない。

前述したように、渋谷区駅周辺は海抜六メートル、それを取り巻く外周の旧渋谷区役所の標高は三〇メートルとなっている。二〇一九年一月一五日から業務を開始した新庁舎（渋谷区宇田川町一－一）は、高さ七一メートルの一四階建て、標高は一〇一メートルになる。その隣接地に渋谷区が七〇年の期限で貸し出して建設されるアパートは、高さ一三四メートルの三九階建て、標高は一六四メートルとなり、駅周辺との標高差は一五八メートルとなる。

そして、駅周辺を隔てて南北に向かい合う「渋谷区総合文化センター大和田」は標高三二メートル、建物の高さは六五メートル、標高は九七メートルになる。また、隣接する「セルリアンタワー」は同等の高さに建ち、四一階、高さ一八四メートル、同建物の標高は二一四メートル、駅周辺との標高差は二〇八メートルになる。

外周はにぎわいの街と結ばれながら「谷を冷やし」、「緑・水を活かした谷空間の環境形成のモデルを構築し、日本の都市再生における環境整備の先導的役割を果たす」地域であり、人が主役となって緑に覆われた良好な住環境を維持していくエリアである。にぎわいのある商業地を抜ければ、標高三〇メートル～三五メートルの丘陵地に達するというのは動かしがたい事実であり、そこに超高層ビルが建ち並んでいく様は、あふれ出ることを知りながらコップに水を注ぎ続けるという無計画な行為でしかない。

新・渋谷区役所

駅施設の適正な配置、快適な広場の造成、歩行者の安全確保などとともに、車両の安全通行を確保するためには通行制限もやむなしとなるだろう。いずれにせよ、かぎられた谷底の土地を有効に活用する以外に解決の道はない。四方を丘陵に囲まれているという事実を再認識し、無制限な膨張を防ぐためには、行政・住民が一体となって抑制しなければならない。もちろん、この「住民」のなかには、渋谷というエリアを利用する人びとも含まれている。

清潔で誰もが来街して楽しめる住宅街区、緑と文化の香が漂う街であるための指針を示しながら、無制限な拡張指針を許容し、無防備であるばかりか危険を前にして放置されたままとなっている渋谷区、これこそ「無制限な都市再開発促進のススメ」であり、「美辞に隠した苦心の書」と言っても間違いないだろう。

たとえ駅周辺が整理されたとしても、それはごく一部のことで、ビルや自動車から排出される二酸化炭素などは地上を吹き抜ける風に流されることなく空中に浮遊し続け、街を高温・多湿、大気汚染といった環境生み出すことになる。日々変貌していくまちづくりの処方を見るならば、渋谷区が断固として決めなければならないことは、この地形に合った施策でしかないのだ。

「渋谷区総合文化センター大和田」(左)と「セルリアンタワー」

災害の発生によって、無計画、無防備な過密都市は壊滅する

都市においては、無秩序に膨張するまちづくりばかりが目立っている。渋谷区がその典型的な例となっているが、この無秩序な街に関東大震災クラス（マグニチュード7.9）の地震が発生し、それに続く余震を予測するならば、その惨状は目を覆いたくなるほどのものとなるだろう。

大地震によってこのエリアの地下水系はズタズタに絶たれ、排水は完備しているとはいえ、雨水が地上に溢れ出ることは必至である。それらが地面に浸透されることなく流れるままとなれば、地下水位の高い砂地盤が振動によって液状化現象を起こし、比重の大きい構造物が埋ったり倒れたりするほか、下水道管などのインフラ設備が浮き上がってくることになる。

また、地表上の建物を支えていた地下構造体は、振動によって亀裂が生じるといった危険がある。さらに、最上階の揺れと上下の振動は増幅されることが明らかであるため、エレベーターが停止し、閉じ込められるという危険が高い。

超高層ビルは、倒壊は免れたとしても、足の踏み場もないオフィス内の混乱、建築物の外壁を包む大型ガラス窓とサッシ窓が枠ごと一斉に落下することだろう。ガラス片と付属金属類は火山の噴火を超える落下物となって、居住者と来街者の区別なく、人間の群れに直撃することになる。

災害は、地震だけではない。地球温暖化による異常気象が理由で予期せぬ集中豪雨が発生したり、大型台風の発生や都心上空を飛行航路としている航空機からの落下物という危険まで待ち受けている。極端かも知れないが、戦時中の重爆撃機による都市への無差別攻撃にも劣らないものであると言ってよいだろう。

あまり想像したくないことだが、頑丈で強固なビルに挟まれた脆弱なビルは倒壊して、瓦礫とともに道路を寸断し、消防車や救急車などの通行を阻むことにもなるだろう。言うまでもなく、通信は途絶え、電気・ガスも供給されなくなり、水道管の破裂によって断水を余儀なくされることになる。もちろん、井戸水は汚染されて飲用できるはずもなく、備蓄食品も短期間で食い尽くされてしまうだろう。

ここに記したのは、渋谷区まちづくり課が作成した「渋谷駅中心地区・まちづくりガイドライン２００７」などを参照して、起こるかもしれない被害状況を敷衍《ふえん》したものであるが、区長に命じられたままを職員たちは、このような光景を想像することもなく、得意げに机上でマッチポンプの役割を果たしてきたわけである。つまり、再開発をすることでリスクが高まるという矛盾に気付いていないということだ。

卑俗な比喩をすれば、郊外に住んでいるだろうと思われる職員がこの街の中心街に降り立って、一心にまちづくりに励めば励むほど区民の住む商店街がシャッター通りに変質していくということである。駅周辺における賑わいの創出にのみ気を取られて、駅周辺の節度ある抑制を忘却している。つまり、地域の均衡ある発展は目指していないということだ。

ここ渋谷には旧石器時代から縄文・弥生時代の歴史的文化遺産が存在していることから分かるように、すぐれた景観と環境は、共同体の歴史とともにこのエリアに住む地域住民がつくり出したものである。「賑わいが進歩である」というのは驕慢《きょうまん》であり、人類文化の破壊に通じるものである。それゆえ、人間再生のためには改めて静寂をつくり出す必要がある。区職員の活躍の舞台となるまちづくりが課題となるのは大いに結構なことであるが、実際は、失われたバブルの空白を取り戻して秩序のある発展が望まれているのだ。改めて、「渋谷駅周辺都市再生緊急整備地域」が示す方向を官民一体となって再確認しなければならない。

第7章 住友不動産の前に立ちはだかる大遺跡群

渋谷の歴史を塗り替えるほどの大遺跡群

二〇〇七（平成一九）年四月二五日の第一回説明会で住友不動産の社員は、この土地の新たな所有者になったことと同時に、この地には遺跡のあること告げた。そして、「調査を終えれば直ちに埋め戻します」と言った。「遺跡といえば、貴重な歴史的文化遺産ではないですか」と筆者が聞くと、「大王の墳丘でも発見されないかぎり、直ちに埋め戻してしまいます」と、いとも簡単な答えを返してきた。

大王の墳丘や古墳は、三世紀以降に関西を中心に築造されたものであるのに対して、縄文・弥生遺跡はそれ以前の住居跡であり、「発掘調査を終えれば遺跡は埋め戻してしまいます」という言葉は、その後も気懸かりで仕方がなかった。

鶯谷遺跡の調査に先駆けて、「エバーグリーンパークホームズ」の敷地内にある住居の撤去作業がはじまったが、それを取り壊すユンボ（パワーショベル）の衝撃音は住宅街を揺るがした。渋谷区から騒音計を借りて計測したが、許容限度を十分超えるものであった。さらに、取り壊した敷地に養生シートを敷くのを忘れたため、突然の春の大嵐に砂塵が天空に舞い上がって地上を暗黒の世界にし、引き戸やサッシ窓の隙間をくぐり抜けて砂塵が部屋中に吹き込んだ。

抗議の電話をしようにも、話し中で通じないという始末だった。のちに住友不動産と西松建設がお詫びのチラシを各家に配布したが、チラシ一枚では済まされない重大な損害を住民は受けたのだ。とはいえ、開発業者の住民に対する態度とはいつもこんなものである。そして、その後は周囲を高い鋼鉄製フエンスで囲み、周りの道路からは覗き見をすることさえできなくなった。

すでに「(仮称）渋谷鶯谷町計画」の説明会が行われていたわけだが、これと並行して遺跡の予備調査が行われ、二〇〇七（平成一九）年六月には「渋谷区鶯谷遺跡」と命名され、本格的な調査が隣接するうぐいす住宅寄りから開始された。

この遺跡は、当初の予想を超えた開発地全域に広がり、縄文・弥生時代の複合大規模遺跡であることが次第に明らかになっていった。関東ローム層で表土が覆われた地下には、今から二五〇〇年前となる弥生時代と、その下には四五〇〇年前となる縄文時代の竪穴住居が複合して存在していることが分かったのだ。

竪穴住居とは、地面を掘った土間の周囲に柱を立てて屋根を支え、中央に炉を築くという構造である。これが良好な状態で発掘されるということは奇跡的なことであった。地上に姿を現した竪穴住居は、この上に柱を立てて屋根を葺けば、今日でも住居として使用できるのではないかと思われるものであった。

それぞれの住居跡の中央には空間があり、ここに家族が集ったことが想像できる。炉端、排せつ場所、作業所なども整っており、世代交代、さらに縄文人から弥生人への交替、混血などが行われながら今日の農家や民家の出発点となったことがよくうかがえるものであった。古代人はこの恵まれた自然の台地で木の芽を採取したほか、小動物を射止めるなどといった採集生活から栽培農業へと進化していったのである。

竪穴と土抗の露わになった部分の土砂を取り除き、住居跡や土坑跡を分離し、その中途に埋もれている土器を見つけ出し、掘り出していくという作業には辛抱と忍耐を必要とした。言ってみれば、大地を篩《ふるい》にかけるような作業である。そして、発掘された竪穴と土杭に関しては計測と記録作業が行われている。土器類の破片は収納箱三五〇箱に及ぶと聞いたが、このあたりの土地が酸性土壌であるため、人骨も含めて有機質の遺物は発見することができなかったようだ。旧石器時代の鏃《やじり》と石斧《せきふ》類、縄文土器および弥生土器の数点は復元されたが、ほとんどの土器類は未整理のまま渋谷区のどこかに保管されているという。

何度も言うように、この地の標高は三二メートル、区内でも豊かな緑と眺望が享受できるオアシス地域である。今から四五〇〇年前の縄文時代、二五〇〇年前の弥生時代にも、この地に大集落があったのだ。それが当時のまま遺されていたことは驚愕であり、地域住民の誇りともなる貴重な財産である。また、この発見は渋谷区に歴史のロマンをもたらすものであり、渋谷区自体の地域特性として、歴史文化的な個性を付加するものであった。

筆者宅の二階ベランダから遺跡の全景を目の当たりにする——まさに古代へのロマンをかき立てるものであり、このうえない贅沢である。遺跡発掘を見学する多くの人を自宅に招き、同じように二階ベランダから見てもらった。途中からは調査を担当した学芸員とも親しくなり、この遺跡

筆者宅のベランダから見る遺跡

は筆者の敷地を越えたほうにも広がっていることを教えられた。つまり筆者は、縄文・弥生人の遺跡の上で寝食をしていることになるのだ。調査員に最初に質問したことは、「地震の痕跡があるか」ということだったが、「それはない」という回答であった。

遺跡保存は口先だけで、最初から取り壊すつもりだった住友不動産

第一回目の説明会で住友不動産の社員は「調査が終われば直ちに埋め戻します」と発言していたが、その後の説明会において、鶯谷遺跡の取り壊しについては明言を避け、口先では文化的に貴重なものは保存すると取り繕いながら、「最終的な判断は渋谷区の方針に従う」と、思わせぶりな態度に終始していた。ところが、情報公開によって入手した「『渋谷区鶯谷十三番』埋蔵文化財発掘調査に関する協定書」（A版三ページ）によると、当初より取り壊す方向で決定していたことが明らかだった。

本格的な発掘調査に先立つ二〇〇七年六月一〇日付で住友不動産が主体となって協定書を締結していたわけだが、同書では住友不動産を「甲」とし、監督指揮の渋谷区教育委員会が「乙」、土砂処理を担当する西松建設は「丙」、発掘作業を担当する大成エンジニアリングを「丁」として、代表者の署名・捺印がされていた。ちなみに、この文書は長く秘匿されていたものであった。

協定書の目的／協定書の対象／調査期間／発掘調査業務の実施計画／調査対象面積／発掘調査の体制／調査方法・必要事項の指示／普及・啓発の提示・作業報告を一〇箇条にわたって確認し、「現地説明会などによる埋蔵文化財の普及・啓発について渋谷区の協力を求められた場合は、誠意を持って対応する」と記されていたが、発掘後の遺跡の出土品の保存やその方法に関しては、「協定書」には一切書かれていない。

文化財保護法においては、自治体の責任として、大規模遺跡の発掘については事前協議書に基づいて調査の内容が決められるというのが普通だが、この遺跡は、東京都教育委員会の下部に位置する渋谷区教育委員会の独自性など発揮できる余地がまったくなく、住友不動産と「協定書」を結んでいることから考えれば、この協定書は住友不動産が主導する「遺跡破壊承認書」とも言ってよいものだった。

専門学者・研究者の遺跡見学を拒否した教育委員会

筆者の知人でもある川村晃生慶応大学文学部教授は、『壊れゆく景観』（慶應義塾大学出版会、二〇〇六年）の共著者であり、環境問題に造詣が深い学者である。同書は、渋谷区参宮橋付近を源流とする河骨川《こうぼねがわ》の流域をテーマとした童謡『春の小川』(1)を好意的に紹介されていることで知られている。鶯谷遺跡が大規模遺跡と伝えられ出したころに、先生に代わって渋谷区教育委員会に複合遺跡の視察を申し出たところ、発掘作業の邪魔になるからという理由で拒否された。どうも、遺跡の規模と価値が外に知られることを恐れたようである。その後、渋谷教育委員会は先生の著書のことを知って、失礼を詫びたという。

先生には、視察に代わって筆者宅の二階ベランダから発掘現場を眺めてもらった。その後、渋谷区立鉢山集会所で学芸員と近隣住民も参加した「対話集会」が開かれ、遺跡の発掘状況や遺跡の内容と規模などについて知識を深めることができた。

それから間もなくして、川村先生のもとで学ぶ学生たちのレポートが送られてきた。実は、先生は講義の最後を割いて、「渋谷区鶯谷遺跡」をテーマにして自然と景観、歴史と文化財の保護に関する授業を行っていたのだ。送られてきたのは、その授業に関するレポートである。短時間で書き上げたと思われるものだが、遺跡保存と環境問題への関心の高さ、そして新鮮な感性には驚嘆するばかりで、現代を生きる学生たちの意見は十分聞くに値するものであった。このレポートは、渋谷区教育委員会にも先生が届けられたと聞いている。

通常の文化財調査では専門研究者の指導のもとに作業が進められるのだが、この鶯谷複合遺跡

（1）一九一二年に発表された文部省唱歌。作詞が高野辰之、作曲は岡野貞一である。

は学芸員だけに頼るという発掘作業であったため、学術的な位置付けがされないまま破壊・消滅してしまうのではないかと不安になり、何とか専門研究者の協力を得て、保存に向けた方策の助言を受けようと八方手を尽くすことにした。この努力が実ったのは、二〇〇七（平成一九）年一二月一日に開かれた公開見学会の前日、一一月三〇日であった。

これは、正式な渋谷区教育委員会からの申し込みを避けて、学芸員の配慮によって実現できたもので、この遺跡について、専門学者による最初にして最後の視察となった。十菱駿武（山梨学院大学教授・全国文化財保護協議会常任委員）と勅使河原彰（元明治大学講師・全国文化財協議会委員）の両先生は、それぞれ考古学について多数の著作がある専門

遺跡の調査をする専門家（2007年11月30日）

学者であり、発掘調査を担当した大成エンジニアリングの学芸員が現場を回りながら対応した。
この視察には、渋谷区教育委員会の学芸員、住友不動産の社員、そして西松建設の社員も立ち会った。

大遺跡の保存運動を抑え込むために広報活動をしない行政

一二月一日の午前一回だけの予定であった遺跡公開見学会は、急きょ午後も追加されることになり、予想をはるかに超える三八五名の参加となった。筆者が「鶯谷遺跡と周辺の環境を守る会」という名でチラシ七〇〇枚をつくり、地域住民の参加を呼び掛けようと近隣のポストに投げ入れるという努力の結果である。

一方、渋谷区は、公開見学会と言いながらも事前の広報や報道機関への連絡はまったくせず、開催のビラをわずか八〇枚配布しただけだった。この八〇枚も、どこに配布したのかは知らない。渋谷区には「しぶや区にゅーす」という広報誌がある（ⅴページ参照）。にもかかわらず、区民への広報活動を一切やめたのは、遺跡のことが広く知られることによって保存運動が広がることを恐れたからだった。

ところで、この大都市のど真ん中に出現した「渋谷区鶯谷遺跡」について、「渋谷区鶯谷遺跡現地見学会資料」には、渋谷区教育委員会・住友不動産株式会社・西松建設株式会社・大成エンジニアリング（発掘調査担当）の連名のもと以下のように記されていた。

現在、発掘調査を行っている鶯谷遺跡は、ＪＲ渋谷駅から南に約五〇〇メートルの渋谷区鶯谷町に所在します。見つかった遺構（昔の人々が暮らした痕跡）や遺物から縄文時代中期（約四六〇〇〜四〇〇〇年前）と弥生時代後期（約一八〇〇年前）の集落であることが分かりました。集落は東側の隣接地にも広がっており、渋谷区でも一度の発掘としては、大きな遺跡です。この遺跡は、北東側を流れる渋谷川と南西側を流れる目黒川にはさまれた標高三二メートル前後の谷が複雑に入り組んでいて、この遺跡は南西から北東に延びる細長い台地の先端部分に当たります。

人であふれた「鶯谷遺跡と周辺環境を守る集い」

当日の見学者のために、筆者たちは遺跡正面の道路上に長テーブルを置き、ベニヤ板三枚を連ねた上段に、「遺跡と環境を破壊する《渋谷鶯谷計画》」というキャッチコピーを大書し、開発前の緑あふれる景観と、遺跡の発掘風景の写真を並列して、遺跡保存と環境保存を訴える署名活動を行った。

見学会に参加した人のなかには、「エバーグリーンパークホームズ」が外人専用の住宅であった時代に住んでいたニュージーランド人がいた。この貴重な遺跡を目の当たりにした彼は、日本の歴史を学んだということと、職業が設計家であることから、マンション建築によって遺跡が壊されると聞き、関心をもって見学会に参加し、破壊、消滅を目指す開発業者の野蛮ぶりと歴史が失われていく無念さについて語っていた。もちろん、親子四名で署名もしてくれた。

余談だが、このとき敷地内で受付業務を行っていた住友不動産の社員がわれわれの活動ぶりを盗み見するために駆け寄ってはメモをとり、それを例の「仕切り屋」に報告するという様子を見て、その滑稽ぶりに呆れ返ったことを覚えている。

当日、勅使河原先生を招いて「鶯谷遺跡と周辺の環境を

遺跡を見学する人の例

守る集い」を乗泉寺で夕方五時三〇分から開催したが、会場は超満員となり、住民の関心の深さを改めて知ることになった。ちなみに、この鶯谷遺跡発掘のニュースは、「ニューヨーク・マンハッタンの先住民の遺構発見」に劣らぬニュースとして、新聞各紙に写真入りの記事として大きく報道されている。言うまでもなく、これらはすべて住民の努力の結果であった。

・毎日新聞「渋谷で見つかる　大規模な縄文、弥生の集落遺跡」
・朝日新聞「縄文・弥生木から一等地　渋谷に計一〇〇個の住戸跡」
・東京新聞「縄文人お墨付き〝高級住宅地〟　海・川近く環境抜群」
・産経新聞「縄文人も渋谷暮らし　４５００年前の遺跡発掘」
・東京スポーツ「ナント　渋谷で古代遺跡発見」
・雑誌／週刊金曜日

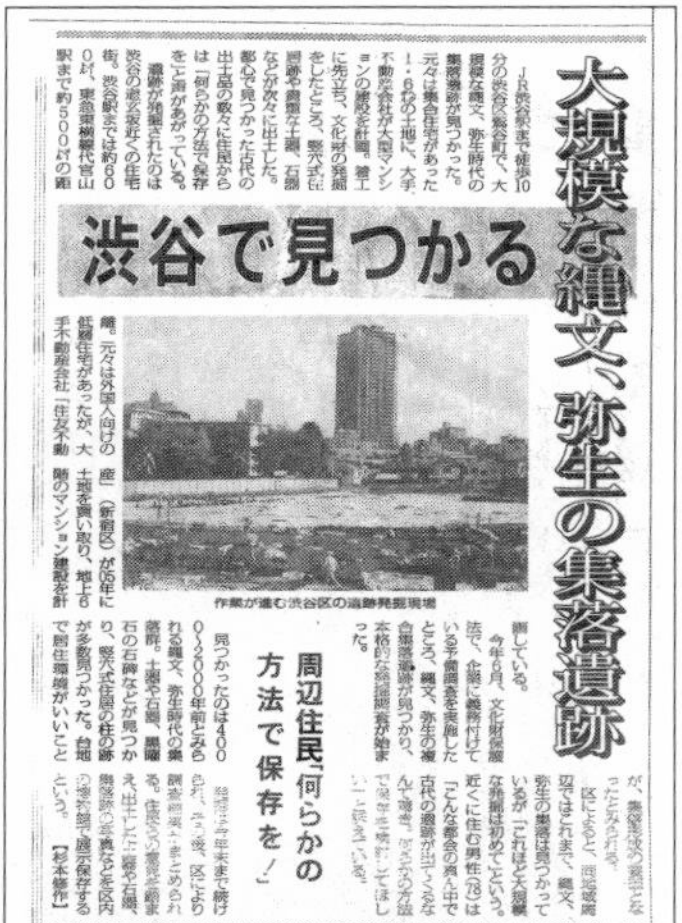
大規模な縄文、弥生の集落遺跡

渋谷で見つかる

周辺住民「何らかの方法で保存を！」

作業が進む渋谷区の遺跡発掘現場

新聞・〈毎日新聞〉2007年10月21日付・朝刊

なお、本遺跡について発表された文献を挙げておくと、発掘に携わった大成エンジニアリングの調査員坂上直嗣氏が『季刊　考古学』（109号、雄山閣、二〇〇九年）に発表した「縄文時代と弥生時代の大集落跡――東京都渋谷区鶯谷遺跡」があるほか、渋谷区郷土博物館学芸員の粕谷崇氏が執筆されたものが『歴史の中の渋谷――渋谷から江戸へ』（上山和雄編、雄山閣、二〇一一年、五七～八二ページ）に収録されている。

「鶯谷遺跡」についての最初の学術報告

二〇一一（平成二三）年一二月四日、山梨学院大学法学部教授（考古学・文化財保護）の十菱駿武先生から「鶯谷遺跡」に寄せられた最初の所見が発表された。その全文を紹介しておこう（漢数字に替えている）。ちなみに、筆者は直ちに所見を渋谷区教育委員会次長に届けた。

二〇一一年一二月四日　十菱駿武

渋谷区教育委員会　殿

私たちは、東京都渋谷区鶯谷町の鶯谷遺跡を発掘調査中の一一月三〇日に視察し、山手沿

線の渋谷駅近くの真ん中、西渋谷台地に一万七〇〇〇平米の敷地に縄文時代中期の竪穴住居跡が七〇棟、弥生時代後期の竪穴住居跡が二五棟と高床倉庫と想定される掘立柱建物跡が三棟もの大規模な遺跡が、良好な状態で残っているのには驚嘆した、鶯谷遺跡の特色は現在発掘調査した部分は、縄文・弥生時代の集落遺跡全体の四分の一程度であり、隣接するうぐいす住宅用地を発掘すれば、さらに多くの竪穴住居跡などの遺跡群が発見されることが推定される。これはペンダントや装飾品からもたどれる。

弥生時代後期の久ヶ原式期には、拠点集落で、同時期で渋谷川の谷地水田を生産基盤とする農耕集落であろう。

この遺跡出土のガラス玉は、住居跡から出土するのは稀なので、一般民衆のものではなく家長などの有力者のものである可能性がある。

この時期の土器は大田区久ケ原遺跡を標準にする久ケ原式土器方集団に属し、鶴見川流域の朝光ケ原式土器集団や、比企地域の吉ケ原式土器集団と抗争関係にあったと思われる。

近在では大田区山王遺跡や世田谷区騎馬兵山遺跡の弥生後期集落では周りに濠をめぐらす環濠集落で、防御性が強いのに、鶯谷遺跡では環濠はなく、性格の違いかも知れない。

日本全国では年間八四〇〇件の遺跡発掘調査が行われ消滅してしまうものがあるが、しかし開発地域や工法を変えて保存されている遺跡例がある。遺跡の学術的価値や保存状況が特に良い遺跡で、行政や市民の文化財保存運動の努力で、史跡公園や緑地として保存されることもある。

この渋谷区鶯谷遺跡は、都市緑地や遺跡公園候補地としてばかりか、学術的・歴史的に貴重な遺跡であり、東京の原始古代を実地で学ぶことのできる歴史教育の場にふさわしいかけがえのない遺跡である。

この遺跡の場合は、マンション建設計画が実行される寸前、遺跡発掘調査の終盤になって貴重な遺跡であることが知られるようになった。そのために遺跡の全面保存が理想だが、地価の高い渋谷で土地を公有化することは財政的に難しいとすれば、建設計画と両立させる部分保存案が実現出来よう。

住友不動産が計画しているマンションのうち北部の二棟を減らせば、縄文住居二〇棟と多数の土坑と、弥生住居一四棟ほどが保存できる。杉並区の塚山遺跡、練馬区の東早瀬淵遺跡、目黒区の東山貝塚、久留米市の下里本色遺跡など、住宅建設で一部を遺跡公園にして保存している前例がある、これは全国の遺跡保存に取り組んでいる立場、並びに文化財保護という考古学の専門家の立場から申し上げる。

以上

ところで、筆者たちがこの日に行ったアンケート調査では、「後世のために全面保存でなくとも一部の保存の実現を」、「記録保存はマンション建設に通ずる」、「生きた歴史教育の場を残そう」など、保存に対する貴重な意見が多数寄せられている。もちろん、渋谷区にも届けたわけだが、これらの区民の声を無視して、渋谷区と開発業者は遺跡の保存よりも開発を優先するという蛮行を選択した。「もったいない！」、「残念だ！」、「何とか保存を！」という声が一斉に上がったが、建設重機は発掘調査員の前を一気に踏み潰していった

また渋谷区は、「所有者の権利が優先する」と公言し、開発業者は「歴史文化的に第一級のものがでないかぎり保存はあり得ない」と発言している。両者とも、遺跡保存についての文化的な認識度はゼロに等しく、ただひたすら開発推進の道を優先したということだ。なお、十菱駿武、勅使河原彰、伊藤真、川村晃生の各先生は、東京都建築審査会へ保存についての意見書を提出されている。しかし、東京都はこれらの意見書を完全に無視した。

文化財保護よりも企業の開発優先にのみ配慮する渋谷区議会

二〇一一（平成二三）年一二月六日、渋谷区議会文教委員会は、住民から出された「渋谷区鶯谷遺跡保存に関する陳情」を議題とした。質問議員と渋谷区教育委員会文化振興課長のやり取り

の一部を紹介しておこう（数字は漢数字に換えている）。

議員　一二月一日の見学会の概要をお聞かせください。

課長　一〇時と午後二時の二回見学会があって、学芸員の説明とＣＧによる再現がありました。

議員　それはどこが作成したものか。

課長　大成エンジニアリングです。

議員　参加者の人数は。

課長　三八五名です。

議員　これは区民の方が多いかと思われますが、区の周知はどんなふうにやったのでしょう。

課長　周辺の住居に八〇軒程度、チラシというか告知の文書を配布しました。

議員　区としてアンケートに調査はやりましたか。

課長　やっていません。

「縄文・弥生遺跡のある渋谷」は二一万区民にとっては誇りであり、区民に渋谷区への帰属意識をもたせるには何よりの宝物であったが、この子ども騙しにも等しい珍答弁からはじまった委員会は、遺跡保存という観点に立った質疑は最初だけであり、最後には区の方針としての遺跡の取り壊しの決定を伝えただけで終わっている。

教育委員会の課長の答弁は、もって回った文化財保護法や東京都の指導を口実にした形式論にすり替え、渋谷区で発見された大きな遺跡の保存に触れることを極力避けることに懸命となり、具体的な保存に関する方向性については口を閉ざしたままだった。この委員会は、請願者が傍聴している前で「時間切れの継続審議」という名目で打ち切られた。

「渋谷区鶯谷遺跡の保存」という陳情は、渋谷区の誇りとするものであるばかりか、歴史遺産として保存の見地に立った訴えであったが、陳情者と傍聴者の願いは否決という現実を突きつけられることになった。そこには、文化財の保護よりも、企業の開発優先思想の反映としか言いようのない、渋谷区長をはじめとした職員の責任逃れという姿勢が凝縮されていた。なお、この質疑において質問に立った区議は、南平台の巨額脱税事件の判決文のなかで、地上げ屋から不明朗な金銭を受領したことが明らかにされている人物である。また、本人のブログによれば、鶯谷遺跡は貴重な発見であると書き込みながらも、埋め戻しに賛成しているという人物であった。

渋谷区の職員は、管理職の大半が他区に居住するという通勤者で占められている。もちろん、教育委員会の職員とて例外ではなく、遺跡埋蔵地点については、地図上では知りながらも直接発掘現場を知っているわけではない。今生《こんじょう》の記念に発掘現場の見学をすすめても、汚物に触れるかのように拒絶するほどであった。

その後に接した教育委員会の職員のなかにも「渋谷区鶯谷遺跡」を知らない者がいるほどで、次の機会に資料をわたしたが、この街の環境と伝統を守り育てようという「ふるさと意識」はほとんど皆無であり、渋谷区の歴史を学び、住民の声を直に聞くことは「無駄な仕事」であり、机上での作業がすべてという感じであった。

区長の知ったかぶりの開陳より、保存の実行あるのみ

さて、渋谷区長は二〇〇七（平成一九）年九月の定例議会において、区会議員からマンション建設と遺跡問題について、以下の質問を受けていたことが情報公開によって明らかになった。

（前略）最後の鶯谷町のマンション建設予定地で発見された縄文・弥生時代遺跡の保存について質問します。

住友不動産がマンションの建設を計画している鶯谷町の高台にあるエバーグリーンパークホームズ跡地から、一八〇〇年から二〇〇〇年前の竪穴住居跡、約二〇戸と高床式倉庫跡とみられる柱の穴が見つかったほか、土器や破片や石製の鏃（やじり）、斧なども発見されました。また四〇〇〇年から四三〇〇年前の縄文時代中期のものとみられる竪穴式住居跡も発

見され、代々木八幡遺跡とほぼ同時期の集落遺跡と推定されており、さらに近くの弥生時代の遺跡である猿楽遺跡とのかかわりについての解明が学術的にも求められています。

長野県で当時使われていた土器類も発見され、広域的な交易がおこなわれていたことも明らかになっています。

住友不動産は、年内にも発掘調査を終わらせ、新年からマンション工事の建設工事に着手する予定といわれています。

私は八月下中の炎天下の中で、発掘調査をしている現地を調査しました。渋谷区の先人たちが生活していた貴重な集落跡を目の当たりにして、これをできる限り保存し、区民に公開できるように強く思いました。区長にそうした対応を求め、見解を伺います。


この質問について、区長は次のように答弁している。


この埋蔵文化財調査は、試掘、そして本調査という手続きを経て実施するものでございます。

その文化財保存については、ふた通りの方法がございまして、一つは遺跡や文化財をそのまま保存し、公開しようとするものでございまして、吉野ケ里や三内丸山遺跡などがこれでございます。もう一点は住居跡などの遺構は写真や図面等の文書により、土器や石器などは現物で保存するという方法でございます。ほとんどの埋蔵文化財がこれに当たることになっていますけれども、最終的にどのような保存方法をとるかについては今後の調査の結果を見守りたいと存じます。

これは、区長が本会議において、「渋谷区鶯谷遺跡」についての最初にして最後の発言であるが、この時期は四月からの試掘調査によって縄文・弥生の複合遺跡であることが確認され、渋谷区は遺跡名を「渋谷区鶯谷遺跡」と発表するとともに、同年六月一〇日には住友不動産主導の「埋蔵文化財発掘調査に関する協定書」（九五ページ参照）が締結され、その後の本格的な調査によって、上層部の弥生遺跡から下層部の縄文遺跡の調査に移行し、その規模が「代々木八幡遺跡(2)」を超えるものであることが明らかになってきた時期に相当する。

桑原区長は、「埋蔵文化財調査は、試掘、そして本調査という手続きを経て実施するもの」であると、その手法を物知り顔に述べているが、本来発掘は東京都教育委員会の指導下で行うもの

(2)　一九五〇年、代々木八幡宮（渋谷区代々木）の境内において発掘調査が行われ、縄文時代の住居跡などが発見された。境内には竪穴式住居が復元されており、渋谷区の史跡に指定されている。

であって、渋谷区の独自性を発揮するだけの余地はない。その一方で、住友不動産が優位とする「協定書」を締結していることについては隠匿している。

さらに区長は、「文化財保存については、ふた通りの方法がございまして」と述べ、吉野ケ里や三内丸山遺跡などの公開法と、住居跡などの遺構は写真や図面などの文書と土器や石器などは現物による保存法を挙げているが、質問者の「渋谷区鶯谷遺跡」の現在の発掘状況とこの遺跡の位置づけ、そして今後の見通しについては言及を避けており、質問者への答弁としては不明瞭なものとなっている。また区長は、「一つは保存・公開」と「もう一つは写真や図書・図面の方法」を説明しながら、「鶯谷遺跡」の保存についてはどちらの範疇に入るのかという基準については示さなかった。

区長と渋谷区教育員会は、東京都教育員会の指導下で発掘作業を継続するとしながら、保存よりも開発を優先する「協定書」を教育長に結ばせ、保存の意志など毛頭もないのに「今後の調査の結果を見守りたいと存じます」と結んでいる。要するに、代々木八幡遺跡を超える大型古墳群の「結果」を知りながら、他人事のように「見守りたい」と願望を述べただけである。

すでに魂は悪魔に売りわたしていながら、今現在も自分は良心をもち続けていると言っているようなものであり、その場を取り繕うための「誤魔化し発言」を弄しているにすぎない。区民の財産を売り飛ばしているうしろめたさと遺跡破壊、ともに法律に違反していることは誰の目にも明らかである。

夢のような話だが、筆者としては、以下のような答弁を区長にしてもらいたかった。

「文化財保護法」に示されているように文化財を保存し、かつ、その活用を図り、国民の文化向上に資するとともに世界の進歩に貢献することを目的とすること、さらに「渋谷区民憲章」が掲げる崇高な精神に則り、たとえ住友不動産の所有地からの発掘であっても、国や東京都との折衝により、掛け替えのない区民の財産としてばかりか、国民遺産として全力を尽くして保存に努めてまいりたいゆえに、今後の方策にご協力を求めたいと存じます。

その後、一二月一日の公開見学会で発表された「渋谷区鶯谷遺跡現地見学会資料」（渋谷区教育委員会・住友不動産株式会社・西松建設株式会社・大成エンジニアリング）において「渋谷区でも一度の発掘としては、大きな遺跡」と公式に発表されたにもかかわらず、専門研究者や近隣住民による「保存を」という声を無視し続けた。渋谷区教育委員会は、最後まで「協定書」の存在を秘匿し続け、文化財の保存よりも土地所有者である住友不動産を優先したのだ。これらの事情が明確になったのは遺跡の破壊後であり、東京都教育委員会は渋谷区に任せるだけで、積極的に指導すらしてこなかったことが明白である。

筆者宅の二階から見る眺望は、月面を思わせるかのようなクレーター状の風景であり、縄文・弥生人が地底から救済を求めているように思える。このような「歴史の声」、なぜ行政の関係者には聞こえないのだろうか。

住友不動産にとっては、遺跡の存在は開発の邪魔物でしかない。住友不動産は専門学者たちの発言や住民の動きを封じるために、あの過酷な炎天下で発掘作業行った作業員の目の前で、調査期間中にもかかわらず大型ショベルカーを繰り出して破壊を開始したのだ。

元から、周囲は万年塀で囲まれており、近隣住民が隔絶された遺跡の状況について、改変に気付くというのは困難である。住友不動産は、旧石器時代の剥片の調査だということを口実にして、一二月二八日、調査完了日に

超高層ビルを背景に遺跡を破壊するショベルカー

はブルドーザーを用意して、運動場の整備にも似た手法によって発掘跡地を整地してしまった。

この様子を筆者は目視によって確認し、教育委員会に通報するとともに東京都知事、文化庁長官に対して再度保存の訴えを行った。それが、翌年一月二五日に開催された説明会での発言となったわけだが、その内容は区長と住友不動産への保存の要請であった。事実、十菱先生はこの段階では十分保存は可能であるという話であった。


ところで、桑原区長と教育委員会は、議会での発言において、「写真や図面等の文書同様」に記録保存を言及していた。また、出土品の一部は郷土博物館で後日展示されたが、三五〇個に及ぶ保存箱に収められた出土品の一部は猿楽小学校の空き教室に放置され、そのほかはどこかに山積みされたままとなっている。

先に挙げた「渋谷区鶯谷遺跡　現地見学会資料」においては、「渋谷区でも一度の発掘としては、大きな遺跡」と認めて、さらにA４判三〇〇ページにも及ぶ「渋谷区鶯谷遺跡発掘報告書」を作成しているわけだが、区立中央図書館と郷土博物館に常備されているだけで、国会図書館、東京都立図書館、さらに専門研究機関などを探しても配置されていない。もちろん、地元の図書館にさえも配置されていない。このような行為は、渋谷区の歴史の抹殺に等しいものである。

その後、住民は鹿島建設の代表者と渋谷区鉢山集会所で遺跡保存のことを中心に話し合い、慎重な発掘調査と現場見学会の実施を要請した。後日、渋谷区博物館の館長から連絡があり、「ガラクタしか出土しなかったので公開はしない」という返事であったが、「公開は最初からの約束であるはずだった」と伝えると、館長は十菱先生にまで電話をして、「筆者を黙らせてくれ」と依頼してきたという。

隣接するうぐいす住宅の調査は渋谷区の学芸員指導のもとで行われたが、公団住宅建設五棟が建設された際の破壊によって空き地のみの調査となった。そして、鶯谷遺跡の延長上にあった大遺跡群は、竪穴住居跡では火災による消失した跡地が発見されたものの、ついに公開されないまま消滅してしまった。

後日、「鶯谷遺跡調査報告書2」が刊行されているが、先に刊行された「鶯谷遺跡調査報告書1」と同じく小部数であり、区立中央図書館と郷土博物館のみの配置となり、区民の目からは遠ざけられている。

また、三五〇箱に上る遺跡からの出土品が未整理のまま放置されているというが、遺跡破壊とともに土砂として捨てられるところから生き残った小さな出土品の破片を無価値である、と判断するのは現代人の思い上がりである。小さな破片のわずかな線の隆起や刻みを一つ一つつなぎ合わせるならば、そこには古代人の日常ばかりか、信仰や世界観が読み取れるはずである。

「渋谷区の至宝」は鶯谷遺跡の隣接地から出土

渋谷川の流域は、左右とも水田が開かれていた。桜丘町は弥生遺跡の痕跡を残す一番の包蔵地のはずであったが、今日ではすべてが消滅しており、その片鱗さえまったく見つけ出すことが困難な状態となっている。

かつて、一九五六（昭和三一）年、猿楽町一二番のマンション工事現場において、掘り出した土器を作業員がツルハシで壊している様子を目撃した近隣の藤野次郎さんが、その破片二〇余点を拾い集めて大切に保管していた。

その後、一九六六年に考古学の権威である樋口清之先生（一九〇九〜一九九七）のもとに届けられ、それをつなぎ合わせたところ「壺形土器」となった。その頸部に検出された籾跡によって、この時期にこの地でも稲作がはじまっていたことの証拠となった。この結果、弥生時代についてはほとんど空白状態であった西渋谷地域において、この良好な「壺形土器」が渋谷区の誇る弥生時代の宝となり、大切に保存されることになった。渋谷区は、縄文・弥生の遺跡が発見されたこの南北に縦貫する渋谷区特別区道432号を「遺跡通り」と命名して地図上には表記しているが、日常的にはこの名称の使用は控えている。

さて、樋口清之先生は、渋谷区の正史である『新修渋谷区史（上・中・下）』（一九六五年、印刷・発行・渋谷区）の監修者であった。「壺形土器」が持ち込まれたときには上巻の「渋谷区の縄文遺跡」の章では以下のように記述され、すでに印刷は終わっていた。

1　住居跡

住居もいくつか確認されていて、その竪穴住居内には特に建物が多量に包蔵されていた。宅地化進行の合間に観察しえた一例は……竪穴住居跡床面が認められている。また石囲いの炉も幾つか見出され、炭粒、灰などは処々に存在することが知られた。

これらの住居跡の存在から推測すれば、明らかに代々木八幡神社境内の遺跡に匹敵する規模と内容を持った集落跡であったことがわかるのである。正式調査の下されないままにほとんど湮滅《いんめつ》（消えてなくなること）してしまたったのは極めて惜しまれる。

2　遺物

発見当初、遺物は包含層にかなりの密度に包含されており、また住居址内の覆土からも完形に近い土器をはじめ土器破片が多数埋没していた。その後加速度的に住宅地化し、正式の調査を行う暇もない中に殆ど遺跡は湮滅《いんめつ》してしまった。急いで採集した資料が三〇〇点余り

――が国学院大学資料室に保管されているに過ぎない。遺物は土器および石器であり、縄文中期が主体をなし、縄文後期の遺物も含まれている。

樋口先生は第二次世界戦争が終結した直後、後出の山本農園が鉢山中学と乗泉寺に所有が変更となって、建設工事が開始された遺跡の破壊現場を目撃していたが、混乱期ゆえ手間暇のかかる発掘調査どころでなく、目前の遺跡が破壊され、「跡形もなく消滅する」状態を「湮滅」と表現し、『新修渋谷区史』のページを割いて哀惜の念を込めて書き遺している。後世、区民の一人でも気付くことを願って記述したと思われる。

住居もいくつか確認されていて、その竪穴住居内には特に建物が多量に包蔵されていた。宅地化進行の合間に観察しえた一例は……竪穴住居跡床面が認められている。また石囲いの炉も幾つか見出され、炭粒、灰などは処々に存在することがしられた。これらの住居跡の存在から推測すれば、明らかに代々木八幡の境内の遺跡に匹敵する規模と内容を持った集落跡であったことがわかるのである。正式調査が下されないままにほとんど湮滅してまったのは極めて惜しまれる。（『新修渋谷区史』監修代表・樋口清之、渋谷区教育委員会発行、一九七一年）

縄文時代から弥生時代へと移行する時期は、原日本人と日本人との関連や、狩猟・漁撈から栽培農業や米作へと転換する時期と重なり、この国の今日を知るための学術的・歴史的・文化的に重要な結節点だった。また、大地に埋もれた遺跡や土器の破片からでも歴史転換期の様相が得られるわけであり、そのことを知っていたからこそ、再び戻ることのない「湮滅」の無念さを率直に表白したとも思われる。

長年にわたって樋口先生は東日本での稲作の研究実証を続けながら、その証拠を発見することができないまま時は経過し、すでに失われたものとばかり思っていた「壺形土器」に、時空を超えて、ある日突然めぐり会えたわけである。その出会いは、長い歴史から覚醒した、弥生人との対面にも等しいものであった。

とはいえ、『新修渋谷区史』は印刷を終えており、改稿訂正することが不可能であったため、緊急措置として「中巻末」に「追記」ページを設けて、「渋谷の原始時代」を加筆して、以下のように感動的な喜びを著した。

猿楽町一二番地遺跡の発見は、わが渋谷区原始文化史解明上に大切な寄与をした。関東諸地方に、縄文文化の末期には、すでに西日本から弥生文化の影響がはじまり、それにしたがって土器型式をはじめ、日常用具や生活様式も変化してきたことは言うまでもない。とくに

金属器の使用と水稲栽培の開始は、その家族関係や社会生活にも大きい影響を与えた。それを基盤として次の古墳文化を受容するものであるから、石器時代と古墳文化（原始国家成立期）の連続の中間期として、弥生文化の存在の実証は、渋谷区文化の脈絡が、一貫してこの地で絶えずに流れていたことを証明する重要な意味を持っている。

しかし、従来は、区内においてはわずかに広尾中学校遺跡のごとく、弥生式後期の久ケ原式土器を出す遺跡が存在して、この脈絡が絶えなかったことを知り得たが、何分昭和初期の道路工事における知見であって一群の遺物としてこの内容を知り得るほどのものではなかった。今回の当遺跡の発見は、計らずしも広尾中学校遺跡と渋谷川渓谷を距てた相対的な位置にあり、標高もほぼ同じ三〇メートルのところである。これによって、今日は湮滅に帰したが、なお渋谷川渓谷斜面には、かっては同期と同様な遺跡が存在し得た可能性を推定することができる。（中略）

しかも、久ケ原式から弥生式、弥生文化としては後期弥生文化に、イネの存在することは当然の事実であり、しかし、これが東京に限定し、さらに渋谷区に限定すると、ここに稲の存在の証拠資料が発見されたことには大きい意義がある。（上山和雄編著『歴史のなかの渋谷――渋谷から江戸・東京へ』渋谷学叢書第二巻、雄山閣、二〇一一年、五七〜八一ページ）

樋口清之先生は、国学院大学を卒業後に国学院大学の教授となり、柳田國男（一八七五〜一九六二）と並び称されるほど考古学・文化人類学の研究活動を続けた人物である。また、静岡県の「登呂遺跡」の発掘調査も指導している。

藤野さんによって大切に保管されていた貴重な縄文土器と相見えた喜びは、たとえようのない感動となり、歓喜に満ちあふれた筆致で表現されている。これは、弥生人が現代人に残してくれたタイムカプセルであり、東日本の稲作の歴史を見事に実証してくれることになった。

前述したように、これは「渋谷区の至宝」として大切に保管されることになった。その後、近くの猿楽小学校のグランドに隣接するところで弥生後期の住居跡が発見され、竪穴住居跡は萱葺き屋根を備えて復元され、出土品も展示した遺跡公園として生まれ変わったが、残念ながら失火で焼失してしまっている。

そして、この時代を過ぎると武蔵の国の中心は府中から国

ヒルサイドテラス地内にある猿楽古墳

分寺に至るエリアに移動するが、文字で記録されない時代の二つの古墳は、旧山手通り沿いにある旧朝倉家住宅の敷地内に建つヒルサイドテラス地内に残されている。これが、六～七世紀につくられた「猿楽古墳」であり、この地の地名の起こりとなっている。

渋谷区長の文化財軽視という体質はどのように培われたのか

唐突だが、愛媛県松山市といえば俳聖正岡子規（一八六七～一九〇二）の生誕地である。文豪夏目漱石（一八六七～一九四九）との関係を知らない者はいないほどの親友であり、病床で俳句の改革を唱えながら早世している。この二人の織りなす交流は、日本の近代文学に大きな足跡を遺したわけだが、この漱石が明治二〇年代に暮らしたロンドンの下宿は今なお大切に保存されている。また、漱石が晩年に暮らした新宿区早稲田南町の住居「漱石山房」の跡地には「区立漱石山房記念館」が完成しており、そこでは書斎と客間などが忠実に再現されている。『吾輩は猫である』のモデルであった「猫の死亡通知書」なども展示されている。

言葉尻を捉えることが難しい官僚的な答弁、そして専制、市場主義的な手法による都市政策、アクセルをふかしながらブレーキを踏むといった無節操・無定見としか言えない桑原武敏区長の経歴を調べてみると、なんと、一九三五年六月に愛媛県で生まれ、松山東高を卒業していた。そう、正岡子規と同郷なのだ。

一九五九年に慶応大学法学部を卒業後、都庁に入庁している。世田谷都税事務所を振り出しに本庁勤務はなく、一九七三年に杉並清掃工場建設本部主幹、翌年に渋谷区西原図書館長、そして土木部監理課長、社会教育部長、企画部長、総務部長を経て、一九九五年、小倉区長の当選とともに副区長に就任している。前述したように、二〇〇三年、小倉区長の後継者として区長に当選し、三期務めたうえで引退をしている。

最初の当選時、都庁内でも名前さえ知らないほど目立たない存在であったと言われるが、渋谷区に赴任後は、前述したように西原図書館長（一九七四年）を務めている。ここから区長に上りつめる野望を抱いていたとは思えない。筆者としては、図書館長であった間に、手許にある渋谷区の正史である『新修　渋谷区史』をひもとき、この街の歴史を学ぶという努力をして欲しかった。

新宿区立漱石山房記念館

『新修　渋谷区史』

第8章 工事開始――儀式にも似た東京都開発審査会の審議

都市整備部長の審査会取り下げ強要

二〇〇七（平成一九）年六月にはじまった遺跡調査は約六か月かかり、一二月二八日に終了となった。東京都開発審査委員会への「（仮称）渋谷鶯谷計画取消」の申請を行ったのは、遺跡調査の正式終了日の前日である一二月二七日であった。

翌年一月下旬の住友不動産による最後の説明会では、工事の説明とともにこの企業の重要な事実を聞くことができた。なかでも、同社にはコンプライアンス委員会がなく、遺跡の破壊は社長が決定したということであった。また、渋谷区長からも了解を得ているというので、早速、区長と住友不動産社長の両人に「遺跡保存の訴え」に関する書面を提出した。すると、渋谷区都市整備部長より電話があり、「是非とも会いたい」という連絡を受けた。私が出向いたところ、先年に計画縮小を陳情したときの部長に代わって新部長の職に就いている人物との対面となった。用件はといえば、筆者が東京都開発審査会に提出した「(仮称) 渋谷鶯谷計画取消」の取り下げを迫ることであった。

手短に鶯谷遺跡と開発計画の縮小について筆者が話し出すと、都市整備部長は話を聞き終えることもなく、居丈高に「あなたは、渋谷区が被告になっている裁判に傍聴に来ていたではないか。渋谷区と対立関係になっているのに、その対立者同士が話し合うことはできない」と言ったのだが、呼びつけたのはいったい誰なのか。この非礼には呆れてしまった。

いずれにしろこの部長は、「東京都への計画取消申請を取り下げるならば、遺跡保存に関する話し合いには応ずる」と繰り返した。それにしても、「渋谷区が被告になっている裁判」に何回か傍聴に出掛けていたこととどんな関係があるのだろうか。裁判を傍聴したという理由だけで対話を拒否するという態度は許し難いことであった。

ちなみに、裁判を傍聴したのは司法制度改革が言われ出したころで、とりわけ違法建築や環境問題などの行政訴訟は、国民の期待に応えるものとして注目を集めはじめていた。そして、渋谷区が被告となった裁判でも、多数の区民が傍聴席を埋めていた。この様子に行政側が危機感を強めたのだろう。そういえば、代理人席の後列に書類の束を抱えた役職者が多数並んでいたことを覚えている。

本来は住民への奉仕者であるべき行政職員が、危機感を抱く上司に命じられるまま日常業務を投げ捨てて、出張手当までを受領しながら住民を敵視して、傍聴者を逐一チェックしていたということだ。

とはいえ最後には、「開発審査委員会の決定は裁判所の判決と同様の効力をもっている。何とか取り下げをしてくれないか」と、最初の居丈高の発言から突然、丁寧語に転じて懇願してきた様子には薄気味悪さを感じてしまった。これは、上級庁である東京都に知られることを恐れて、区長が厳命したものであろう。

「お断りします」と私は言下に答え、「取り下げなければならない理由を説明してください」と続けた。

「……」しばしの沈黙後、「審査会の決定は裁判の判決と同じであり、決められたことに従わねばならない」と繰り返すばかりだった。

「そんな例があるのですか……」

この制度は、行政訴訟に訴え出るための通過儀礼に等しい形式的なもので、余程のことがないかぎり否決されると聞いており、これなしには裁判所に訴えることができない仕組みであることを知っていたのだろうか。単なる嫌がらせであるはずもなく、この必死さは、区長ないし副区長からの強い命令を受けていることを匂わせていた。

住民から開発工事と建築工事の同時開始という指摘を受け、工事は休工

住友不動産は、二〇〇八（平成二〇）年三月二四日、「(仮称) 渋谷鶯谷町計画」の「建築確認申請」を株式会社都市居住評価センターに提出し、翌月一〇日には「建築確認済証」を受領すると同時に工事を開始した。工事は、まず敷地を取り囲む万年塀を撤去し、そこに高い鉄鋼製フェンスをめぐらし、正面とその背後には「開発計画のあらまし」、「道路使用許可証」、「労災認定」などが掲出されていたが、「建築工事確認済証」の掲出を怠ったまま工事が開始された。

一万七〇〇〇平方メートルの敷地内に道路となる鉄板が敷かれ、ついで山留《やまどめ》工事のためのH鋼が搬入され、そこに大型ショベルカーが運び込まれた。早朝六時を過ぎると一か所しかない出入り口の施錠が外され、ダンプカーなどが開発地の中央を目指して続々と整列した。これらの車両のドライバーは、前日の深夜から早朝にかけて旧山手通り、国道246号の駒沢通りに駐車して、仮眠をとりながら待機していた。車中で食事をとっていたドライバーが、オペレーターの指示によって集合したものだった。

午前八時の作業開始とともにショベルカーも活動を開始し、「後世のために全面保存でなくとも一部の保存の実現を」、「文書と写真などによる記録保存だけではマンション建設を許すことにつながる」、「生きた歴史教育の場を残そう」といった住民の声を無視して、縄文・弥生人の住居跡地は一切顧慮されることもなく無慈悲に掬い上げられ、待機しているダンプカーに載せられた。このようにして掘り下げた土砂は、毎日一五〇台から二〇〇台のダンプカーで搬出された。

同社の説明では、工事の順序として山留工事から開始し、次いで構台工事へと進むということであった。しかし、山留工事を終えて、すでに構台工事に移行しているのが明らかでありながら、工事日程表には「山留工事」と記入されたままであった。つまり、開発工事と建設工事である構台工事が並行されていたことになる。住友不動産の工事説明会において、住民から案内書にある「山留工事」の説明を求められた工事責任者は、質問者に正確な説明をしないまま先に進んでしまっていたが、このときの記憶から、山留工事と構台工事が並行して行われていたことを発見したわけである。

ちなみに山留工事とは、地下を掘った際に周囲の土砂が建築工事現場に流れ込まないように周囲の地面を固める土木工事のことである。ここで工事地盤面が確認されることで開発工事が完了し、開発公告が出される。開発公告を受けて初めて建築工事が進められるわけであるが、この工事現場ではその手続きを省いて、大型クレーンを構台上に二基設置して、山留工事を同時進行す

始　末　書

①前日、お知らせ看板（週間予定表）についての記入忘れ
②建築確認済書の表示をしなかったこと
・上記①につきましては、今後絶対に記入を行います。
・又、②につきましては、本日平成20年５月20日に標示を行いました。

以上につきましては、たいへんご迷惑をおかけし、申し訳ありませんでした。今後こんなことがないように工事を進めて行きますので、今回のことはなにとぞご容赦お願いいたします。

西松建設（株）

印

平成20年５月20日

渋谷区鶯谷周辺の環境を守る会代表　　竹居治彦　様

るという重大違反を犯していたのだ。さらに、「建築確認済証」の掲出義務を放棄し、そのうえ、近隣住民への「お知らせ」となる「作業日程表」への書き込みまで忘れて、工事を開始していたのだ。

この作業のずさんさに気付いた筆者は、早速、都市整備部建築課を訪ねてこの違法性を問いただした。担当者は大慌てで席を立ち、戻って来てからの説明によれば、「建築確認済証」は工事前の二〇〇七（平成一九）年四月六日に出されていることが判明した。帰宅するや、直ちに工事事務所に連絡したが、住友不動産の社員が不在のため、取りあえず西松建設の工事責任者に来宅を求めて、「始末書」の提出を要求した。その同意を得て受け取ったのが上に掲載した始末書である。

通過儀礼としか言いようのない有名無実な開発審査会

ミスの発見は、ちょうど東京都開発審議会が六月六日に開催される直前の出来事であり、筆者は先に提出した「意見陳述書」に追加して、この事実を書き加えて当日に提出した。それは、第二種低層住居専用地域での総合設計制度の導入と、住友不動産のかかわりの違法性とともに、同社の開発工事は同工事の完了公告が行われる以前に建築工事を行っている違法性、そして「建築確認済証」の不掲示問題を取り上げたものだった。

以下は、そのときの意見陳述の様子をまとめたものである。

東京都開発審査会の会場は都庁舎一八階の会議室で、二〇〇八（平成二〇）年六月六日に開かれたが、都庁に向かい合う新宿ＮＳビルには住友不動産の本社があった。代理人の武内更一弁護士の弁論に引き続いて、参考人として特定非営利活動法人住宅生産性研究会戸谷英世理事長（両者については二五五ページの鼎談を参照）の意見が開陳されたあと、筆者が発言している。

「今や、私は一身にして二生を見る思いである」

これは陳述冒頭の言葉であるが、静穏な第二種低層住居専用地域に、何の前触れもなく総合設計制度をもち込んだ「(仮称)渋谷鶯谷町計画」は、地域への配慮や貢献などがまったくなく、環境や景観を破壊し、個人の生命と安全が侵されるばかりだと話した。

そのうえ、渋谷区都市整備部長が執拗に本審査会への審査取り下げを強要したことは渋谷区の自信のなさそのままであり、住友不動産の説明会における一方的な押し付けは、「浮利《ふり》」の金儲けだけの計画であることを話した。そして、地域住民が計画の縮小を住友不動産に陳情に行った際、帰りがけに「お車代」と言って金の入った袋を渡そうとした行為は、住民を侮蔑するかのような品位のないものであることも話した。また、すでに工事を開始しているが、開発工事と建築工事を同時に進行しているという事実も話し、これは明らかに都市計画法違反である、と陳述した。

その後、この土地は四〇〇〇年前の縄文遺跡と二〇〇〇年前の弥生遺跡が発見され地であり、図書館で借りてきた『新修渋谷区史』（一二四ページ参照）を掲げて読みかけたところ、委員長から中止を命じられたが、構わず最後まで読み続けた。そして、東京都開発審査会の委員の一人が渋谷区に対して、残存する渋谷区指定保存樹林の本数を尋ねた。それに対して渋谷区は、「七本である」と返答した。

最後の「七本」という回答が気になったので、翌朝に開発地をめぐって保存樹林の数量を点検したところ、残存数は六本であり、一本不足していることを確認した。また、近隣の居住者から、その一本は盛り土現場の根切りによる人為的な枯れ死であるということが分かり、直ちにその事実を渋谷区に連絡した。

このとき筆者は、住友不動産が都市居住センターから「建築確認済証」の交付を受けながら、掲示義務を五〇日間も放置したまま工事を開始している違法性、さらに同社は違法な建築確認を受けていたとはいえ、開発行為の完了検査と同公告がされないまま建築工事を開始していた違法性、そして渋谷区指定保存樹林の欠損についての質問文書を提出して、文書による回答を求めた。

同時に、東京都開発審査会に渋谷区を代表して出席していた担当課長に、開発完了公告前に建築工事を開始した問題について「都市計画法第37条」を示して回答を求めたところ、回答ができないというお粗末さであった。「今日は担当者が休んでいるので後日にしてくれ」と逃げの一手を打ち、その後、顔を合わせても素知らぬ風であった。

そして、開発審査会が開かれた四日後の六月一〇日午前、渋谷区都市整備部長に面会した際、保存樹林の欠損は工事車両の接触による損傷であるというのは業者の言い分を丸呑みしたものにすぎず、事実は、工事による盛り土部分を作業者が根切りによって枯れ死させたものであると伝えた。さらに、これらの連続するミスの発生は、渋谷区と住友不動産の馴れ合いが原因である、とも指摘した。

そして、工事は突然休工となった

都市整備部長と都市計画課長への抗議や説明に手間取ったわけだが、帰宅してみると開発地の工事風景が一変していることに驚嘆した。一日に一五〇台から二〇〇台のダンプカーや機材を積んだ車両の出入りが止まり、不快な金属音も消え、構台上にあった二基の大型クレーンは解体されており、倒壊の危険から逃れることができた。そして、すべての機材が搬出されており、開発地は、筆者が区役所で都市整備部の担当者と話し合っている間に、赤土がむき出しの、無人の世界へと変わっていた。

先刻まで対話していた部長は、このことを一言も漏らさなかった。しかし、工事を止めたのは間違いなく筆者である。この状態がいつまで続くのか……願わずにはいられなかった。また、工事日程表には「安全作業点検中」とあったが、これは東京都開発審査会の開会中の出来事であった。

ところで、渋谷区を代表して東京都開発審査会に出席していた課長に工事休工の理由を尋ねると、「鋼材の値上がりだ」と言ったか

工事休工

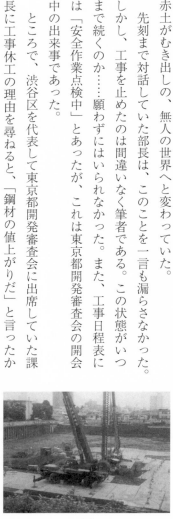

と思えば、近隣にある「インフォスアネックスビル」のガス漏れ事故が原因であると、デタラメな返答に終始するばかりであった。さらに、「渋谷区指定保存樹林の一本の欠損など問題ではない」と発言したが、保存樹林問題はたまたま担当であったために降りかかった災難であると言いたげで、建築基準法に関する無知さ加減は、決して責任者の地位に値するとは言えないものであった。

住友不動産の都市計画法違反と西松建設の渋谷区指定保存樹林の欠損という二つのミスを比べれば、前者の責任のほうがはるかに重大であるわけだが、その後、工事が休工になった理由が情報公開請求によって明らかになった。それによると、本来は住友不動産が負うべき責任を、渋谷区と同社とのなれ合い協議において、すべての責任を西松建設に押し付けていたことが判明したのだ。

西松建設の執行役員は、同月二三日付で渋谷区へ「お詫び文書」を提出している。そのなかで、報告が遅れたことを詫びるとともに保存樹林を損傷した原因は作業車の接触によるもので、倒木の恐れが生じたので伐採したとしている。ご丁寧にも、作業車の写真まで添付した文書を提出していた。

しかし、渋谷区指定保存樹林の欠損と住友不動産の法律違反の軽重を筆者は問いたい。開発許可権者の渋谷区として取るべき対応は、東京都開発審査会において住民が指摘した開発工事公告以前の工事開始と、「建築確認済証」を掲示しないまま工事を開始した違反を行政処分することであり、それを看過して、西松建設の渋谷区指定保存樹林の欠損事故に転嫁してしまうというのは本末転倒であった。

庁議を欠席してまで、区長が開発・建築課長を帯同して現場を視察

二〇〇八（平成二〇）年六月二三日は月曜日であった。筆者は朝食を終えたあとウォーキングを日課としているが、この日は、九時二〇分過ぎに休工中の開発地西側区道464号を左折し、その南側の区道463号の鶯谷町一三番地内を東に向かった。すると、一〇〇メートルほど先に、スーツを着込んだ三人連れに気が付いた。横一列に談笑しながら近づいてきた真ん中の男は背が高く、右側の男は小太り気味、左の男はそれよりスリムな男性だった。

左側の男が私に気付いて、真ん中の人物に何か囁いている様子が見て取れたが、ひと呼吸置いて見直すと、顔見知りの都市計画課長と桑原区長であった。右側の見知らない男性は、着衣や風貌からボディーガードではないかと誤認したが、この時刻によもや区長と遭遇するというハプニングは想像することさえできなかった。

「おはようございます。お役目ご苦労さまです」と、区長と目を合す距離になって自らの体を左

に寄せて丁寧に挨拶したが、区長は驚きを隠しようもなく、「おはよう」と体裁悪そうに小声で返事をしたかのようであったが、筆者には聞こえなかった。

「立木を調べに来たんだ」と、尋ねもしていないのに課長が言葉を挟んだ。

「区長さん、先日の『質問書』は読んでくれたのでしょうか」と声を掛けると、

「読んだ！　読んだ！」

「あとで！　あとで！」

と言って、突然この場から逃れるように三人組は背を向けて走り出した。その様子は、悪事を働いた子どもが、見とがめられたときの慌てぶりにそっくりだった。

三人組の逃げたうしろ姿を追うと、三〇メートルほど先を左折していた。これも、うしろめたさから逃げる犯罪者の心理と共通するものである。威厳も体面もかなぐり捨てて逃げ込んだ道路は、この地区特有の四メートルに満たない42条2項道路であり、そのまま見失ってしまった。

ところで、区長はどうしてこちらの挨拶に対して立ち止まって返事をしなかったのであろうか。路上での対話ができないというのは了解できるが、筆者が進行を止めたわけでもなく、危害を加えようとしたわけでもないのに、挨拶に対して返事をするのは当然の礼儀であろう。

それにしても、渋谷区を代表する区長が、区の幹部職員ともども区民に背を向けて一目散に姿をくらますというのは聞いたことがない。まさに、見られたくない犯行の瞬間を見とがめられ

て逃亡した光景であり、渋谷区内で企業活動をしている一私企業への便宜供与の現場を取り押さえられ、遁走した瞬間であったと思われる。

翌日、区役所を訪ねて、課長に昨日の開発地視察の理由を聞いたところ、「立木の調査」と前日は言っていたわけだが、この日は「別件であった」とはぐらかすだけで、頑としその理由を言わなかった。ただ、ボディーガードだと推測した男性が建築課長であることは判明した。

いずれにしても、定例の庁議が開かれる時間に区長が都市計画課長と建築課長を帯同して「(仮称)渋谷鶯谷計画」の現場視察を行ったということは、彼らがいかにこの現場を重要視しており、その状況を直接確認しないではいられなかったという証明である。そこで、東京都開発審査会で審査中の同年六月二三日に、「区長と都市整備部の二人の課長を帯同して、問題になっている休工中の開発地を視察した事実と、その理由」を知るために情報公開請求を行った。それによって以下のことが分かった。

・区長の行動の分かる文書については不存在、しかし、二人の旅行命令簿二通と公用車の運行日誌一枚の開示を受けた。

・都市整備部都市計画課長の「旅行命令簿」によれば、命令権者は都市整備部長、旅行用務は「建築あ﹅っ﹅せ﹅ん現場視察」、旅行先は鉢山町七他、旅行時間は九時一五分より九時四〇分まで。

・都市整備部建築課長の「旅行命令簿」によれば、命令者は都市整備部長、旅行用務は「建築あっせん現場調査」、旅行時間は九時一五分より九時四〇分まで。
・旅行先　いずれも鉢山町七他（鶯谷町一三と道路を隔てた反対側）
・「公用車（区長車）運行日誌」には、区長用務として、九時一五分より九時四〇分まで。

さて、『広辞苑』によると、「斡旋（あっせん）」については以下のように記述されている。

①ことが進展するよう人と人の間をとりもつこと、世話、周旋。
②〔法〕労働法上、両道争議調整の一方法。労働関係調整法及び公労法などによる労働委員会が指名した斡旋委員会が争議当事者双方の間をとりもち争議解決を援助すること。

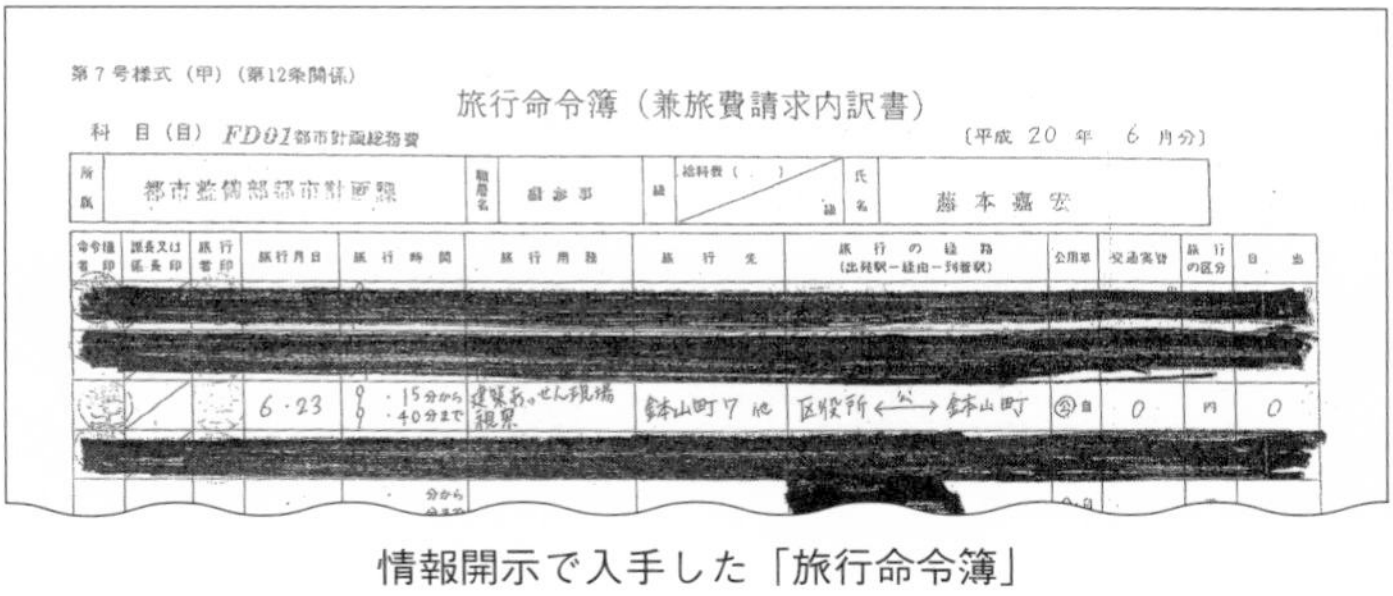
第7号様式（甲）（第12条関係）
旅行命令簿（兼旅費請求内訳書）
科目（目）FD01 都市計画総務費　〔平成 20 年 6 月分〕

所属	都市整備部都市計画課	職層名	組参事	級	給料数（　）	氏名	藤本嘉宏

命令権者印	課長又は係長印	旅行者印	旅行月日	旅行時間	旅行用務	旅行先	旅行の経路（出発駅－経由－到着駅）	公用車	交通実費	旅行の区分	日当
[redacted]											
			6・23	9・15分から 9・40分まで	建築あっせん現場視察	鉢山町7他	区役所←公→鉢山町	㊀自	0	円	0
[redacted]											
				分から 分まで							

情報開示で入手した「旅行命令簿」

両課長の「旅行用務」は、渋谷区が西松建設の所有地を住友不動産へ「あっせん」した「建築物現場」であり、違法工事が開始された休工中の「現場調査」であることが明確になった。都市整備部長が都市計画課長に命じて、区長が西松建設から住友不動産に「あっせん」した「建築あっせん現場」の状況視察であり、建築課長に命じたのは同地の「建築物現場調査」であるが、両者は不可分に一体化した違反工事の確認であった。

歴史において「もしもの仮定はない」と言われるが、筆者が「もし、東京都開発審査会の委員が行った渋谷区指定保存樹林の質問を聞き流していたならば、区長の現場視察とその内容が露見しなかったに違いない」とも言える。また、区役所内では、「渋谷区が住友不動産に『あっせんした』あの土地」と呼ぶよりも「あっせんした工事現場」のほうが呼びやすくて便利なので、いつの間にか慣用語化してしまっていたのかもしれない。

区長はといえば、担当課長二人を率いて自ら現場確認を行い、東京都開発審査会の通過を得るための行動であったのだろうが、まさかその日に住民と出会うなどということは想定していなかっただろう。何よりも、四日後の二七日に工事が再開されている。

東京都開発審査会への報告と渋谷区建築審査会のお粗末

以下は、渋谷区が東京都開発審査会に六月二六日付で報告した記録である。

当該報告が遅延したことを含めて、本件の対応について（西松建設に）厳重注意を与えたところである。また当該樹木伐採への対応については、同種同規模の樹木三本を新たに植樹することを予定している。（渋谷区）

渋谷区長は西松建設に対して、渋谷区指定保存樹林の欠損に代えて三本の赤松を移植することを命じている。欠損樹林の補植を行ったのは真夏日の七月二日であった。これは、東京都開発審査会での「建築確認済証」を保存樹林問題にすり替えるという姑息な策であった。また、六月二七日には一七日間にわたる「工事休工」が解除され、「工事日程表」に「構台工事」と書き込まれて工事が再開された。

こうして渋谷区は、開発にかかわる前代未聞の問題を、西松建設の保存樹林の損傷問題に転嫁することによって住友不動産の不名誉について隠蔽したわけだが、その後聞くところによると、当時の西松建設の現場責任者は本社に召還されたあとにリストラされるという悲運に見舞われたという。

　さて、その後に開かれた渋谷区による建築審査会（同年一〇月）では、司会者はわずか四〇分という時間制限を告げたが、それでは代理人と特別補佐人が違法建築の実際を論証するには少なすぎた。区民の陳述は中途で打ち切られる有様で、形式を整えるだけの儀式と言ってよかった。

　そのうえ、審査会の判定書には、「地域で良好な生活環境を享受する権利および良好な生活を営むことができる権利の日常的侵害」などと極めて抽象的かつ軽度な被害を述べるのみで、「それぞれどのような重大な損害が発生するかについては、何ら具体的な主張立証がなされておらず、法律上の利益を有するとは言えない」と、常套句と傲慢で思い上がった結論が書き写されただけであった。

　現に住民が出会っている苦難と、その苦しみの襞々に分け入ることもせず、ただただ地域に住む住民の言葉を封ずるために形式を整えるだけの判定書であった。さらに、渋谷区都市計画課の事務局職員が、裁定日の記入を忘れるほどのずさんさであったことも書き添えておく。

第9章 建築工事協定、労働慣行を無視した突貫工事

建築工事協定締結の遅延──「青田売り」の開始と違反工事

繰り返しになるが、渋谷区鶯谷町・鉢山町・猿楽町周辺は、約一万六〇〇〇〇年前の旧石器時代から四〇〇〇年前の縄文時代、さらに弥生時代を経て今日に至るまで、人々の住みやすい住宅地であった。その子孫が住むこの地域は、都市計画法において第二種低層住居専用地域に指定されており、渋谷区のまちづくり方針でも、「緑に覆われた良好な住関係を維持していく」と約束されているエリアである。そして、戦前から住む人や、戦後になってこの環境が気に入って転入してきた人々のたゆまぬ努力と協力によって、良好な環境が保たれた低層住居専用地域である。

しかし、区長の欺罔《ぎもう》とこれに甘える開発業者は、歴史的にも文化的にも貴重なこの地域を論理なき乱開発の対象として、自分らに都合のよいまちづくりにしてしまおうという意図で乗り込んできた。住民が今日まで営々と築き上げてきた環境や景観は、容赦なく破壊される危機を迎えると同時に、日常生活の安全を確保するためにこの開発工事を容認することはできない。

この工事協定の締結は、当初の建築確認済証の不掲出が起きた時期からの懸案事項で、同社のサボタージュによって延期されるばかりであった。そして、この話を都市整備部長に伝えると、「開発を認めるのか」と揶揄する態度を示したが、工事協定の締結は、日常生活における住民の安全を担保するうえにおいて役立つことが多々あった。

工事協定の第2条（関係法規の遵守）には、「乙、丙は建築基準法、都市計画法、東京都環境確保条例、騒音規制法、振動規制法、建設工事公衆災害防止要綱（建築工事編）、労働安全衛生法等関連法規を厳守し、その他行政指導に従うものとする」と明記されており、骨子は以下の通りとなっていた。

・工事時間は午前八時～一八時
・日曜・祝日は休工とする。
・工事日程表は公示する。

・その他は協議による。

そして、協定はあくまでも常識的慣行を集大成したもので、守るために結ばれたものであり、工事を担当する西松建設は、毎月末には工事工程表を近隣各戸に配布するとともに、各週の工事工程表を敷地正面他に掲出する約束をした。

さて、この協定で問題となったのは，住民からの「苦情受付簿」の設置とその公開規定であったが、それらは関連法規に明記されているとして住友不動産は言い逃れ、当初から「工事協定書」を誠実に実行する意思が毛頭なく、安全神話を振り撒いて違法工事を強行するだけの余地を残すことになった。

また、開発業者は、自ら行った遺跡と環境破壊を隠ぺいするために、落書き禁止のプレートを開発地の周囲にめぐらす高い白フェンスの各所に掲出した。これは、地域住民を威嚇する効果を狙ったものと思われる。看板の制作者が「渋谷区」、「渋谷警察署」そして「原宿警察署」の名入りであることについて、渋谷区を通じて筆者は撤去を求めたが、最後まで残されたままであった。

二〇一〇（平成二二）年六月初旬になると、工事は急速に早まり、同月一一日には開発地正面に、「La Tour DAIKANYAMA」と命名された看板が掲出され、近隣ビルにモデルルームを開設したほか、インターネット上でもマンションの「青田売り」が開始された。それ以来、住友不動産は西松建設を督励《とくれい》し、建築協定と労働慣行無視の強行工事がはじまったわけだが、それは近隣住民に不安を与える一方的な強行工事の開始となった。そして同時に、違反工事の件数が増加していった。その違反事例の一部を挙げると以下のようになる。

❶時間違反　早朝作業と時間外作業、深夜作業
❷未承認道路の使用
❸福祉関係の車両通行止め
❹住民の通行妨害
❺重量車と特殊車の進入による通行妨害
❻セメントントの剥離作業による騒音と粉塵の飛散
❼道路工事の重機使用による異臭の発生
❽アスファルト工事による異臭の発生
❾道路の不法占拠と長時間の不法駐車
❿労働慣行の無視・夏季休業違反
⓫休日の保安と無関係な工事

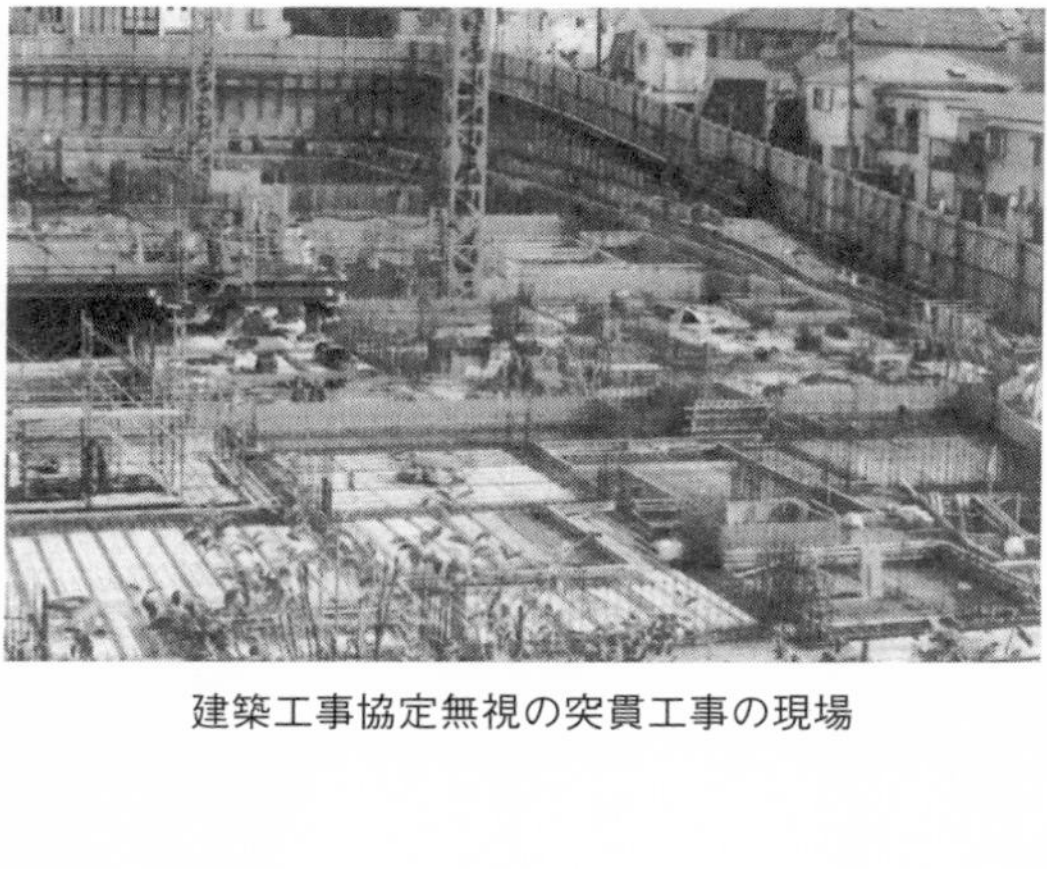

建築工事協定無視の突貫工事の現場

道路指定を受けないまま車両の通行——協定違反の夜間工事を開始

二〇一〇（平成二二）年六月頃になると、各棟を覆っていた防護シートが外され、地域のなかに暗黒色の巨体が剥き出しになり、建物の全体を目の当たりにするようになった。どこから眺めても一棟の建物にしか見えなかったが、正面の一か所だけしか渋谷区特別区道432号に接していないことは前述した通りである。

旗竿型袋地の開発地は南面区道463号、西面は区道464号、北西は区道465号に囲まれているとはいえ、まだ道路指定はされていない。工事車両の通過は言うまでもなく、駐停車も禁じられているにもかかわらず、工事業者はフエンス塀を撤去して、資材を積んだトラックを横付けするようになった。

そして、住友不動産は、「青田売り」を開始以来、通用口以外の出入り口から見学者にヘルメットを着用させ、工事関係者を装いながら出入りさせるようになり、やがて公然と通行するようになった。住民側は、敷地内を利用するように渋谷区に通報したが、改まることはなかった。

昼間、リベットを打ち込む金属音やセメントを削る発破音が建造物に反響して、耳をつんざくばかりであった。その音は近隣住居のガラス戸を揺るがし、吹き上げる粉塵は周囲に拡散し、住民生活の疲弊は極点に達しつつあった。そのなかでも、工事協定違反が公然化し、とりわけ完成予定日に間に合わせるために、夜間工事の開始にまで至った。住民は、昼間の仕事を終え、楽しい夕餉の団らんを迎え、さらに休息と安眠の時間を過ごそうとしても、工事現場には煌々と昼間のような照明が点り、深夜から早朝に及ぶ工事音に悩まされ続けた。

渋谷区に対して、これらは建築協定違反として訴えると、区は「確実に同社に伝達する」と回答したが、現場の下請け業者には伝わらなかったのか、それとも西松建設が無視したのか、まったくこれらの協定違反が収まることはなかった。かつて、渋谷区指定保存樹林損傷の際には直ちに違反の事実を認め、経過報告書と「詫び状」を渋谷区に提出し、一七日間の自主休工を行ったことに比べると、渋谷区の指導ぶりの甘さのみならず、業者に完全になめられた指導の弱腰ぶりが歴然としていた。

工事中の「ラ・トゥール代官山」

燃えるような灼熱・耳をつんざく騒音――検査に間に合わせるための強行工事

住友不動産と西松建設は、二〇一〇年七月二〇日付で近隣住民に配付した「お知らせ」のチラシで、開発地周囲の道路工事の予定表を配布した。それに掲載されている道路地図には渋谷区に存在しない架空・虚偽の道路名をそのまま使用しており（第10章で詳しく説明）、その性懲りのなさに呆れ果てるとともに、裁判所と住民を侮蔑するものだった。

さらに、旧「位置図」の内容を見ると、鉢山交番前の信号から桜ヶ丘郵便局前に抜ける区道870号は、一方通行であるのにもかかわらず両面通行の表記がされており、基礎的な誤りを犯すという粗雑さは、両社の企業体質を表すかのようなものであった。

開発地の周辺道路が、通園・通学、そしてショッピングなど住民の生活道路であることは再三指摘しているところであるが、「この拡幅工事が、地域の皆様の安全と地域の発展に寄与する」などの文言は片言隻句《へんげんせきく》もなく、「不便をお掛けしますが協力をお願いします」という結びの挨拶もなかった。

あるのは、開発業者の地域社会に対する責任感と謙虚さが欠如した傲慢な態度だけであった。

とりわけ、両社は開発地を取り巻く境界からセットバックさせた地帯を「歩道上空地」と呼んでいるが、所有はそのままであり、これは容積率や高さ制限の緩和を受けるための便宜上の歩道にすぎなかった。さらに、この道路工事は騒音と振動をまき散らすだけであり、昼食時の休憩を除いて終日続けられ、住民の日常生活における平安を奪った。そして、約束の一八時になっても工事は終わらなかった。

このときに交わした工事担当者と筆者の会話を紹介しておこう。

「親父さん、今日は何時からやっているんだい」

「八時からだよ」と、日焼けした顔の汗を拭いながら担当者が答えた。

「親父さんの元請けはどこだい。（ヘルメットに「日舗」のマーク）西松から仕事時間の指示をされているのかい。夕方の終業は六時までと教えられているかい」

「そんなことは聞いたこともない。わしらはノルマをこなすだけさ」

「どうか、怪我をしないように働いてね」

（こうして作業は二〇時まで続き、騒音と振動は止むことがなかった）

住民は終日、ひっそりと家庭内に閉じこめられ、作業車の出入りとその騒音、そして作業員の怒声に耐えるほかなかった。仕事を終えて帰宅を急ぐ住民はというと、塞がれた歩道を迂回する形で家に帰り、夕食時の対話も容易ではなく、安静を得られるのは二一時を過ぎてからであった。

道路拡幅工事には各種大型特殊車が動員され、警察の許可証のない不法駐車の車両が列をなした。アスファルトを積んだ車両が、工事敷地の正面、区道432号から区道463号を通り抜け、右折して464号に至るが、積み下ろしたあと、狭隘な道路を直進することができないためにバックで入り、区道432号に戻るしかない。一九時を過ぎても続く運搬に激高する近隣住人の声を何度も耳にしたが、監督者は平身低頭するだけで、前述したように作業終了時刻は連日二〇時にまで及んだ。

道路工事を行うとき、その都度道路は全面封鎖されるわけだが、迂回路の標識はなく、他人様の軒先や敷地を借りて通り抜けるという有様であった。路面を全面的に掘り返して破砕する音は地面を揺るがし、舞い上がる砂塵が宙を漂う。ローラー車が固めた地盤に一八〇度の熱気をもったアスファルトが敷かれ、それをまたローラー車が固めていく。

西松建設は、完成期日に間に合わさなければ莫大な違約金を請求されることを恐れ、無理を承知で工事を急ぎ、一方の住友不動産は工事日程を守らせるために、後ろ手で「強制」を叱咤するだけであった。まるで、一番偉いのは発注者であり、住民の苦情を聞き流し、「やってしまった者の勝ち」を知り尽くしているかのような応対振りであった。

言うまでもなく、協定は守るために結ばれたものである。病人を抱えた家族、休息を求める住民、熱中症の発症者さえ出ていると伝えられている作業員のために、労働慣行による夏期休工を要求したが、西松建設の現場責任者と社員たちはやはり平身低頭するだけで、責任者は多忙を理由に対話の機会すらもとうとはしなかった。そればかりか、工事協定書の存在すら知らない風であった。このような光景は、発注者の意思がすべてに優先されるというこの業界の体質を反映するものである。

この事業所における西松建設の社員は二〇名前後にすぎず、その系列下の作業員は二五倍の五〇〇名にも及んでいたが、全員が西松建設の名前が入ったヘルメットを着用しながら工事は進められていた。ひたすら謝罪するばかりの西松建設の社員は、完了検査を控えて工事を急いでいたことが明白であり、上層部から要らぬ返答はしてはならないと厳命されていたのだろう。

この時期になってようやく西松建設の責任者と連絡が取れ、同道して渋谷区都市計画課を訪ね、住民が苦難している状況を改めて訴えた。すでに、電話による訴え、書面による訴えを続けていたのだが、行政としての安全対策の指導について同係の返事は曖昧な内容に終始していた。これからの工事について協定を厳格に遵守するように指導を求めたが、そのころ渋谷区の部課長は夏期休暇中であり、連絡が取れないという始末であった。

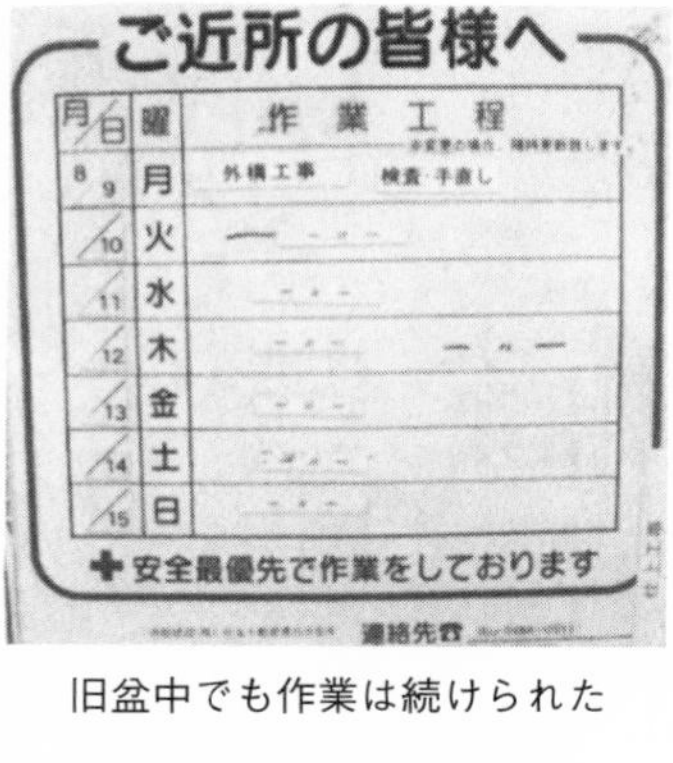

旧盆中でも作業は続けられた

容赦しないほどの記録的な炎熱地獄が続く毎日、工事の強行が住民の日常生活に犠牲を強いたことは、働く作業者ともども人間性を無視するものであった。自然の摂理や生態系を無視した驕慢な開発思想が、さらなる地球規模の環境破壊につながることは必定である。

工事発注者である住友不動産の優越的地位による強制は、西松建設の下請けイジメに直結する。建設業における下請け業者は階層化しており、責任体制は第三者から見れば把握できない部分が多い。完成までのノルマを課せられた下請け業者は、騒音と振動を伴う工事によって近隣住民に迷惑がかかろうとも、工事協定を無視して二〇時まで工事を止めることができなかった。ここには、下請けと地域住民という二種類の被害者が同居していると言える。

それにしても、この地域に住む住民は礼儀正しく謙虚であった。この連続する理不尽な工事に対しても怒りを抑え、この難儀に理性的に振る舞い、事故に巻き込まれなかったことは何よりであった。また、継続工事上の点検・保守とは無関係な工事中止を要求し、八月一五日のわずか一日だけだが休工とすることが住民の声で実現した。

お盆が過ぎると建物本体工事の完成が間近に迫り、敷地を取り囲む周囲との境界工事が準備されていた。筆者の家の玄関は北向きで、南側にリビング・ダイニングと寝室があるという二階建ての間取りとなっている。一階の南面は、露地空間を隔てて開発地内の万年塀と向かい合っているが、手前には石灯籠を中心に据えた石組みと小さいながらも日本式庭園と花壇を配し、四季の変化や自然の移ろいを楽しめる空間をつくっていた。

ここは、他人から干渉されることのない自由の聖域であった。しかし、この開発工事が開始されて以来、寝室の雨戸は閉め切ったままとなり、リビングもカーテンを引いたままの生活を強いられることとなった。

工事は、この敷地を取り巻く提供道路と、境界を接する植栽帯と区域内通路で行われたが、住友不動産はこの日まで境界の確定と形状についての説明は一度として行わなかった。「慣れ親しんできた万年塀」が撤去される状況に立ち会うというのは、複雑な思いがした。

相手敷地内にある所有物の処分は勝手である。たちまち防護シートが張られて、筆者のリビング・ダイニングの真正面に歩道上空地と区域内通路の境界が置かれたが、完了検査直前に鋼鉄製の門扉が設けられることは知らされていなか

筆者宅のリビングから「ラ・トゥール代官山」を見る

った。開発前の非常口は区道465号の角地にあったのに、新しい渋谷区の道路標は、以前より区域内通路側に埋められ、さらに大きくセットバックされた。

住友不動産が渋谷区に開発工事完了届を提出したのは二〇一〇（平成二二）年八月二三日であった。渋谷区都市整備部計画課土地利用診査係員が「開発完了検査」を行ったのは同月二五日で、渋谷区長は翌日に「開発完了公告」を行った。確かに、建築工事が一瞬止まったのが二四日であったが、作業員とは異なる着衣をした人物の出入りに気付きながらも、彼らが渋谷区の完了検査職員であったことは知る由もなかった。

そして、渋谷区長は九月一日に建築確認完了公告を行い、同五日には一〇棟として登記申請を行ったが、同建物は一棟であることが明白であったため、登記書類を一棟と書き改めて建物平面図、建物外観写真、同月一〇日付の西松建設からの工事引渡報告書を添付して、「ラ・トゥール代官

隣接住宅に迫る「ラ・トゥール代官山」の境界

山」は一棟の共同住宅として同月二二日に登記が完了した。

ここで注目しなければならないのは、開発計画が完了して建築確認が完了するまでの七日間で、鉄筋コンクリート造陸屋根、地下二階、地上六階建て、一棟の工事が完了できたのか、株式会社都市居住評価センターの建築完了検査日がいつ行われたのかについて、同社は明らかにしなかった。さらに同社は、八月三一日には「道路沿いの外構部分　改修工事実施のお知らせ」のチラシを配布し、九月二日から大型建設機と作業員を動員して、当初は一〇棟と申請されていた「ラ・トゥール代官山」の大規模な区画変更の工事を開始している。これは、渋谷区と住友不動産・西松建設・日本設計と間で周到・綿密に謀議されたものであったと思われる。

第10章 工事が後半に入った二〇一〇年四月、重大な事実が判明

実在しない道路（特別区道462号）で開発を許可していた渋谷区

住民説明会において住友不動産は、開発計画の正面道路は都市市計画法・建築基準法にも適合した、安全な幅員九メートルの道路であると繰り返し説明をし、「開発地の交通量調査表」を配布した。本来なら「渋谷区道路台帳」に基づいて「渋谷区特別区道432号」全体を捉えるべきであったが、同社は開発地の正面道路を幅員九メートルと強調するだけであった.

第二種低層住居専用地域である鶯谷町の既存住宅と、新たに建設される巨大マンションを比較してみるならば、その不釣合いさは景観と環境を破壊するばかりか、住民の人権と人格権の軽視、

健康・生命・財産の喪失による精神的な苦痛を強いることは一目瞭然である。さらに、開発地の立地条件を丹念に見れば、正面以外と周囲の道路は「狭隘で湾曲した坂道」で囲まれており、たとえ開発地の一部を提供して拡幅したとしても、巨大マンションの建設には不適であることは火を見るより明らかである。

同社が説明会において開発地の正面幅員は九メートルあると繰り返したわけだが、それに疑問をもった筆者は、渋谷区道路課を訪ねて現地を計測してもらった。確かに、開発地の正面は九・〇五メートルであったが、固定ガードレール内の歩行者が利用できる幅員は一・八メートルで、区道の幅員から左右のガードレールを引けば車両が利用できるのは二車線分の五・四メートルにすぎないことが実証された。

固定ガードレールは道路の障害物であり、それを除去すれば九メートルの幅員は確保できるわけだが、それでは正面にある幼稚園児や、ここを利用する新・旧住民を交通事故の危険に晒すことになる。さらに、新たに加わるマンションの住民によって増加するであろう交通量を見逃している。

新しいマンションは自己防衛の諸設備は完備しているにしても、マンションから万が一出火した場合や想像を絶する大地震が発生した場合には、狭隘の道路が大型消防車の侵入を阻み、二次災害を生むことは必至である。

同社の説明は自分らに都合のよい解釈の押しつけでしかなく、生活実感から来る地域住民の素朴な疑問を見下し、はぐらかすものでしかなかった。そのような言い分は信用できるはずもなく、日常利用している道路の現状について、筆者自らの手によって実測を開始することにした。まず、開発地南側の区道463号の幅員は三・七メートル、第一商業学校方向に西進した位置は三・三メートル、開発地の西南から坂を下って、右折する先端の出口は二・二三メートル、区道265号の登り口が三・一五メートル、頂点が三・五五メートル、下り464号の接道部が三・五五メートルであることを確認した。

しかし、西郷山から山手線方向へ直進する区道870号、南平台から代官山を結ぶ433号、さらに「八幡通り」と呼ばれる872号の計測もはじめたが、この周辺は42条2項道路（幅員四メートル以下の建築基準法上で認めた見なし道路）が毛細血管のように広がっている。左右で交錯する道路を地べたを這うようにして続けたが、途中で、このあたりの道路情報の詳細は区役所にあるはずではないかと気付いた。

渋谷区土木部道路課は区役所の六階にある。区内の道路情報はパソコンにシステム化されて収録されており、「鶯谷町一三番地」を指定するだけで近辺の道路画面が瞬時に出力され、幅員の変化まで直ちに知ることができた。

桜ヶ丘郵便局交差点／幅員：7.89m

桜ヶ丘町16番／幅員：8.05m

開発地南区道463号の先端／幅員：3.8m

猿楽町10番交差点／幅員：8.32m

開発地北側区道465号の登り口／幅員：3.14m

開発地西側区道464号の出口／幅員：2.23m

さらに、国道246号からは、区道432号も433号も一直線では八幡通りには抜けられない

住友不動産が架空、偽作した道路を発見

渋谷区役所のパソコンを前にして、記憶を頼りに「区道462号」を繰り返し入力してみたが、どういうわけか表示されなかった。そこで、記憶違いなのかと思い、持参していた住友不動産が作成した「配置図」を周囲に気を配りながら確かめると、やはり「渋谷区特別区道462号」と明記されていた。いったい、どういうことなのか。さらに、操作を繰り返したところ、道路台帳には手書きで、当該道路は「特別区道432号」と表示されていた。二〇一〇年四月二七日、同社の架空・偽作表記を発見した瞬間であった。

早速、誰かに覗かれてはいないかと周囲を見回し、平静さを保って担当者に確認してもらうと同時に、この地図のコピー（一〇円）を受け取り、「渋谷区道路台帳現況平面図（縮尺：一／五〇〇）の表示の直下に「渋谷区特別区道第432号」と職員の手で記入してもらった。

住友不動産は、開発正面の道路幅員が九メートルあることを盾にして開発行為の正当化を主張し、住民に有無を言わせぬ態度に終始してきた。のちに都市計画法の専門家の助言で知ったことだが、デベロッパーが道路の幅員《ふくいん》に固執する理由は、大型開発の成否を決めるのが道路にあるからだ。まさに、その金科玉条とも言える道路そのものが架空であったことは、開発のための正面道路が存在しないことになり、開発行為の正当性を失うことになる。

では、住友不動産の開発計画地に一か所しか接していない道路名の「不実記載」による架空・

偽作は、いったいどうして起こったのだろうか。ちなみに「不実」とは、『広辞苑』によれば、「誠意がないこと。誠意や情味に欠けていること。また、事実でないこと。いい加減のこと。偽り。不実の申し立てをする」とある。

第一に、区役所の道路台帳を用いて転記したのであるならば、筆者が確認したように道路名を検索して、一〇円の代金さえ支払えば原本のコピーはできるわけで、住友不動産ともあろう大企業が伝聞で架空の道路番号を偽作するとは考えにくい。

ここで、住友不動産が架空の特別区道名を偽作した証拠について詳しく説明しておくことにする。一六四ページの二枚の地図を見ていただきたい。この地図は、「位置図」（実物はA３）と言って、主としてマンション建築計画地の道路を明記したものである。その一部を拡大してあるものだが、それぞれの地図の右下には、

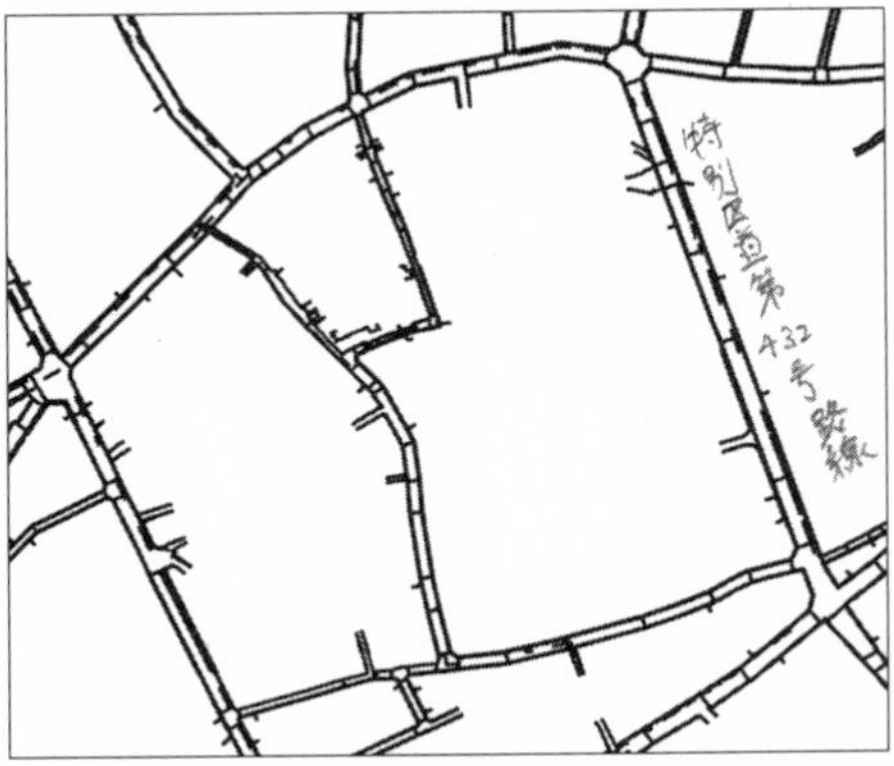

渋谷区役所の職員が手書きした「特別区道第432号線」（部分）

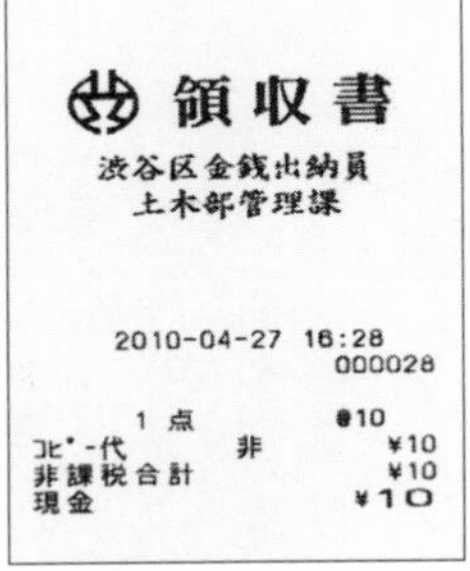

道路地図をコピーした際の領収書

地図に関するデータが示されている。その四行目にある「製図年月日」に注目して欲しい。

上の地図の製図年月日は「平成一九年」となっており、それは「ラ・トゥール代官山」の住民説明会が開かれたときに住民に配られたものである。一方、下の位置図の製図年月日は「平成二二年」となっていることがお分かりいただけるだろう。平成二二年とは、「ラ・トゥール代官山」が完成した年である。

どちらの「位置図」にも月日は記入されていない。そのうえで、二枚の地図を見比べてみると、上の地図の右側に「特別区道462号」とあるのが確認できる。そして、下の地図の同じ道路の表記が「特別区道432号」となっていることが分かる。いったい、これが何を意味しているのかについては、もう説明するまでもないだろう。

デベロッパーにとって大型開発の成否を決める重要な条件である「位置図」が二枚存在するということは、住友不動産が「特別区道462号」を偽作し、筆者にそれを指摘されると、住民に説明も謝罪もすることなく、こっそり修正したことを証明する動かしがたい証拠となる。しかも、工事開始から建物完成まで、存在しない道路を通行して工事を続けていたことになり、渋谷区役所と住友不動産の責任は重大であると言わざるをえない。

渋谷区への提出書類は、もちろん住民説明会の会場に設置された大型スクリーンに投影された開発地の「位置図」にも明記されており、同社の配布資料のすべてにこの架空・偽作の道路がま

位置図・平成19年と平成22年の位置図（元図から改変作成）

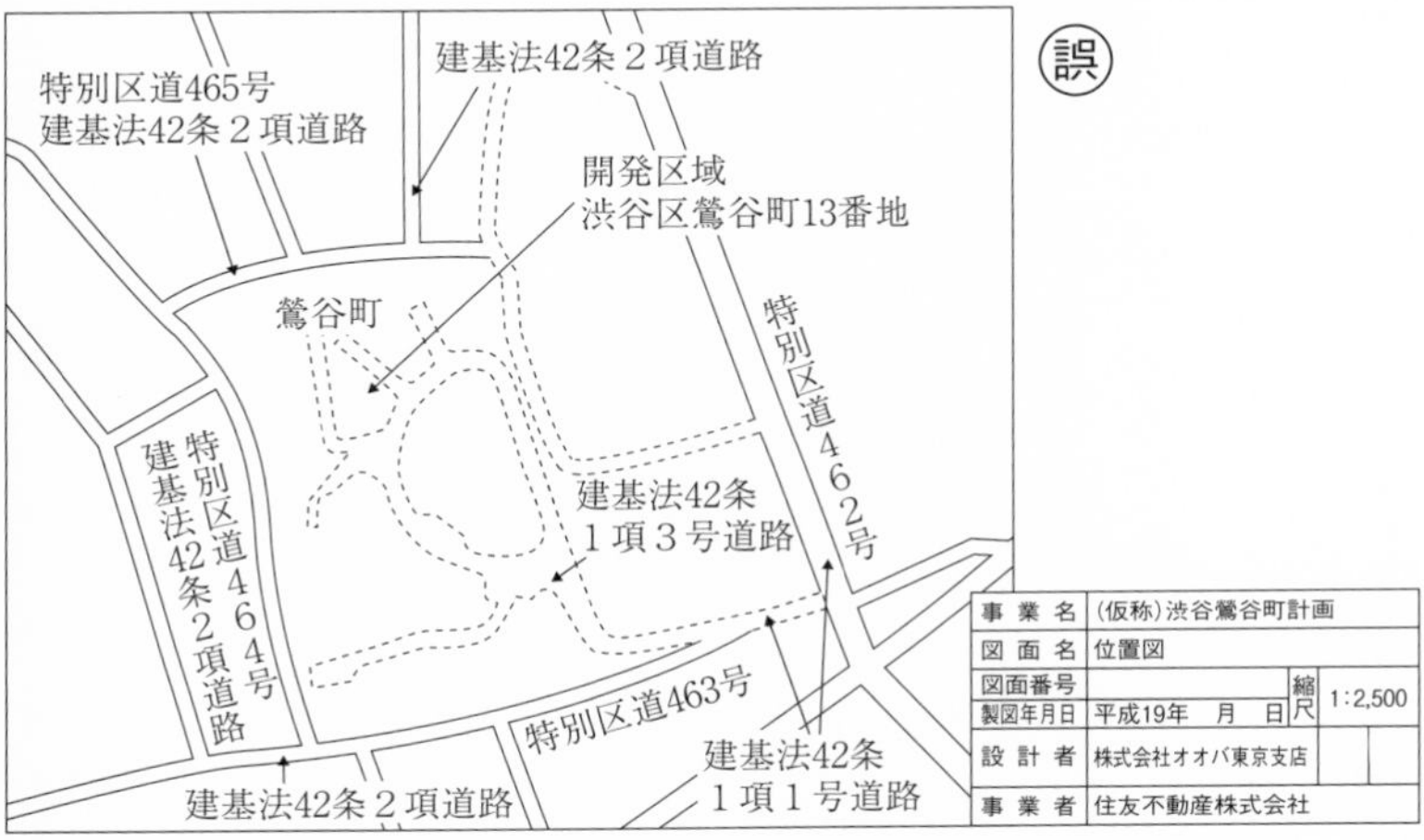

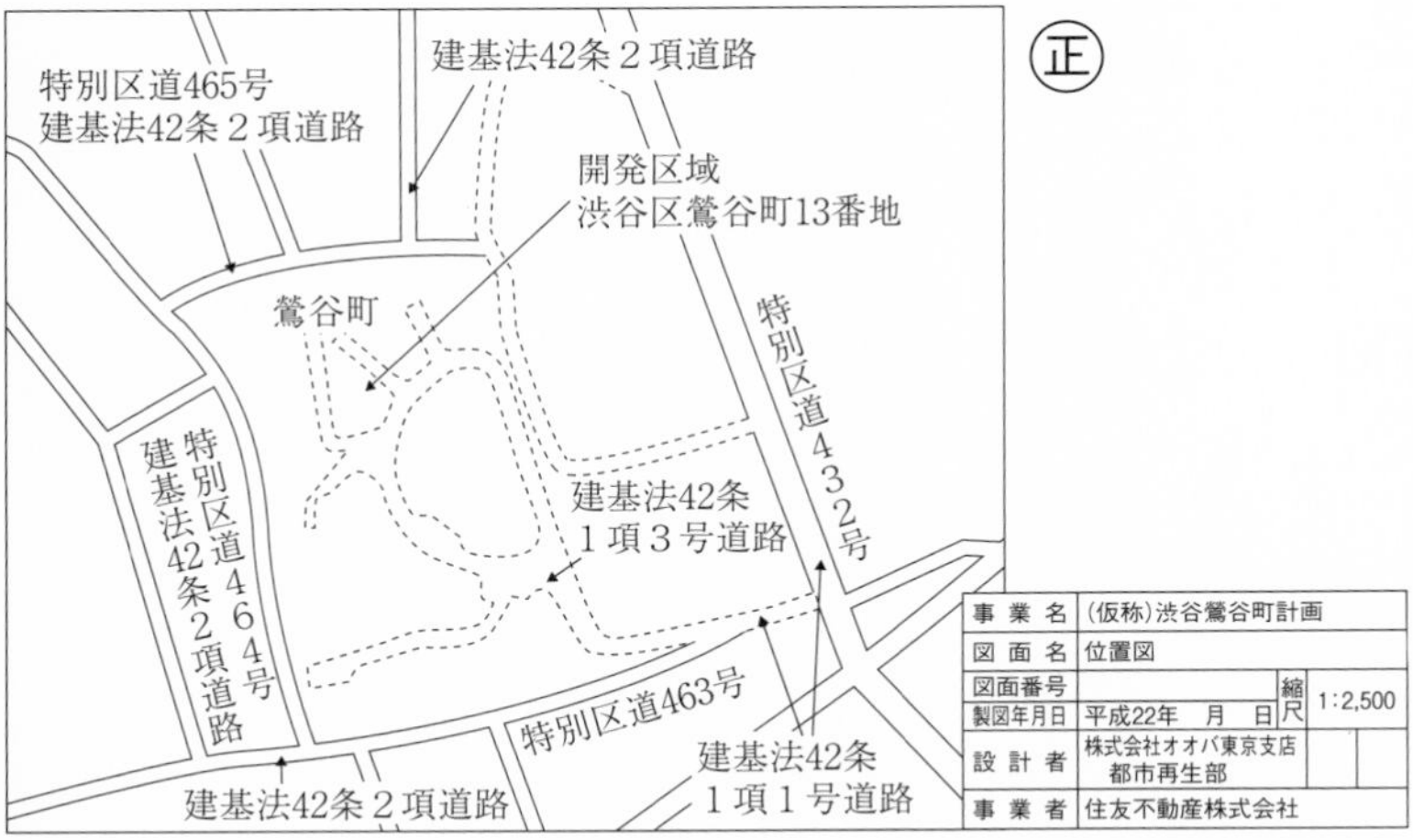

かり通っていたたわけで、説明会において説明者が自信をもって受け答えたしたことは、虚偽の発表を続けていたことになる。

二〇一〇年（平成二二）年五月一七日、東京地裁で開かれた建築確認取消訴訟法廷において筆者は、原告として「区道の不実記載」の証拠として為作された位置図を提出している。

確認はフリーパスで通過し、訂正の「上申」「回答」は裏口入学

一方、同月一八日（月曜日）には、渋谷区の都市計画課と建築課を訪ねて、住友不動産の「（仮称）渋谷鶯谷計画」の「位置図」は「不実記載の架空・偽作の道路名」が使用さていることを明らかにした書面を提出すると同時に、同社からの道路名の変更申請があったとしても受領しないように申し入れた。その際、建築課のある職員は、「道路名の間違いぐらいで何で申し出るのか」と大声でわめき出したが、「万が一火災が発生したとき、消防車が間違った道路名を目標に出動した場合、現場に到着することができず、大事に至るでしょう」と答えるとすぐに沈黙した。この職員がわめき散らした理由はよく分からないが、自らが見落としていたことを指摘されて「逆ギレ」したのかもしれない。

さて、住友不動産は、「（仮称）渋谷鶯谷町計画」の説明会の際には、「自社保有の賃貸マンションを建築するという方針に基づき、現在、渋谷区の関係各課の窓口に本物件の開発構想につい

て相談を行っている段階です」と述べ、この計画のすべてを「渋谷区の関係部課」に提出し、相談しているとしていた。となると、渋谷区の関係部課が法に則った手順に従って正確・公正に処理していたはずである。

しかし、本件は桑原区長の特別事案として「特別扱いされた」結果、関係各部課をスルーし、通常では起こりえないもっとも初歩的な「位置図」を提供し、「渋谷区道路台帳現行平面図」の点検・照合が行われなかったことになる。そのため、架空、偽作の「渋谷区特別区道462号」が誕生することになったと考えられる。前出職員の言う「道路名の間違いぐらいで……」レベルではなく、住友不動産の開発行為を認めるために、渋谷区が架空道路をつくったと疑われても致し方ないのではないか？

これらの行為は、開発計画の許可業務に関係した渋谷区都市計画部からはじまり、土木部道路課担当部課職員の「分掌事務概要」の注意義務違反であり、当然「職員の懲戒に関する条例」規程によって、関係した職員は「戒告・減給・停職又は免職の処分は（中略）行われなければならない」に該当する。これは、窓口業務における単純なミスではなく、区長の「欺罔《ぎもう》」による「あっせん」からはじまった複合ミスであり、区長と住友不動産を問い続けるならば、「進退うかがい」を含めて論議されるべきことである。また、渋谷区の退廃した職場規律をただすためには、部課長も減給・注意義務違反として処分の対象となるべきであった。

同様に、審査代行機関である「㈱都市居住評価センター」も、建築主事が行っていた書類と現地確認を怠り、形式的・事務的処理をしただけで、厳格な検査を怠ったことになる。国土交通省の代行機関として、この「見落とし」の責任を負わねばならない。

裁判所においては、行政による不実記載に対する法律上の処分は、これまで厳しく扱われてきたところである。渋谷区の開発計画の根幹である行政手続きおよび行政事務において、法治国として基本事項の確認をしないまま、さらに国民の権利義務に関する基本事項を区長案件などという行政の恣意的な取り扱いで自ら犯した不都合を「軽微な手違いとか過失」として収拾しようとすれば、同じような違法行為が繰り返されることは必定である。違法を違法として処罰することこそが、同じ過ちを防ぐ最大の策なのである。

一方、住友不動産は、一級建築士事務所として特例建設業者の登録を受け、この巨大開計画を実行している立場にありながら、一万七〇〇〇平方メートルの敷地に一か所しか接道していない公道名に、実際には存在しない道路名を当てており、その不実記載を利害関係者である住民に指摘されるという行為は、企業の社会的責任を問われても仕方がないほどの重大なミスを犯したことになる。しかも、その「いい加減な偽り」について、同社はこれに対処すべき危機管理対策マニュアルもなく、以下のような書面のやり取りを渋谷区長と行っている。

同社代表取締役名で渋谷区長宛てに、二〇一〇（平成二二）年六月二九日、「同意申請における区道番号の表記の誤りについて」の「上申書」が提出されている。所在地・年月日・「上申事項」「（誤）渋谷区特別区道462号」、「（正）渋谷区特別区道432号」、そして「上申理由」として、「区道番号を誤って記載してしまったため」と、一行だけ書かれたものを渋谷区が受理している。

これに対して渋谷区長は、同社代表に、七月二日には了承すると「回答」しているが、「（同社の区道番号を取り違え）理由」について、「同申請書の区道番号を取り違えたと考えられるのでこれを了承する。なお、申請箇所は図面上特定されていることから、同意の効力に影響がないものと判断する」としていた。

本来なら渋谷区は、同社に対して、「貴社の区道番号を誤って記載してしまったことは、図面上の位置を示したとしても、それは『渋谷区道路台帳』を基礎にした取り違えではなく、渋谷区には存在しない架空・虚偽の道路名の不実記載であって同意できない」とすべきであったと筆者は思うが、いかがだろうか。

渋谷区長は「区道番号を取り違えたと考える」と言っているわけだが、「取り違える」とは、「①まちがって取る。誤って他の物を手に取る。②思いあやまる。誤り解する」（『広辞苑』）とあるように、二つ存在するものの一つを取り違えた結果、誤りが発生したという意味である。もし、取り違えたとするならば、「渋谷区特別区道462号」が現に存在していなければならないが、そのような道路標記はどこにもないのだ。つまり、取り違えたのではなく、「架空、偽作して不実記載した」とするのが正しい。

さらに渋谷区長は、「区道番号を取り違えたと考える」とか「同意の効力に影響がないものと判断する」と言っているわけだが、区長の主観的な判断であって、第三者を納得させるだけの客観性がないものである。住友不動産に忖度し、過剰なまでの気遣いと配慮の言葉でしかない。法令・条例・規則、その他の諸規定によって、本来なら区長による厳正な処分が行われなければならなかったにもかかわらず、放置されたままで終わったのは、住友不動産と渋谷区の癒着の深さを物語っている証左と言えるのではないだろうか。

換言すれば、渋谷区長は社会から隔絶した密室の中で「裏口入学」の手法によって受験生の入学許可をしたことになり、それは「臭いものに蓋をする」、「揉み消し」、「八百長試合」、「談合」などを超えたスキャンダラスな不正事件であったと言える。つまるところ、コンプライアンスの存在しない住友不動産は、渋谷区長にすがりついて救援を求めた「上申」であったわけだが、渋谷区は厳格な「不実記載」を追及することもなく、区長自らに降りかかる責任から逃れようとしたわけである。残念なことに、これが当時の渋谷区の実態であった。

一二〇〇〇億円を超える資本金と一万二〇〇〇人を超える社員を擁し、巨大投資を行う同社が、なぜこの前代未聞の架空・偽作の道路名の使用という失態を起こしたのだろうか。何課の何某が、どの段階で渋谷区長の言う「取り違え」という誤りを犯したのだろうか。また、それによって起こった責任を内部でどのように問うたのであろうか、寡聞にして知らない。いずれにしても同社は、「位置図」に用いた「渋谷区特別区道現況平面図」の現物とコピー領収書を提出できないばかりか、「失態の原因」と「誤りの理由」を示せなかったため、渋谷区に助けを求めたのである。
同社は、危機を乗り越えるためにこのように行政にすがりつき、あるときには権力などに頼りながら肥大化してきた企業なのであろう。それに対して渋谷区長は、この重大違反を毅然とした行政処分を行うのでなく、この開発計画の当初から、欺罔《ぎもう》による「予断」と「予見」による「開発完了公告」や「建築完了公告」を急いでいた。

「不実」とは不誠実、それをすすめる裁判長の判断

ところで、二〇一〇年五月一七日、東京地裁で開かれた「建築確認取消訴訟」における裁判長の判決文では、道路の不実記載について以下のような判断が下された。

（前略）しかし、住友不動産が本件処分の申請時に提出した書類に道路名称を誤記したとしても、本件土地が実質的に建築基準法等の制限を満たす道路に接していれば、本件処分は同法などの関係規定に適合しており違法であるとはいえないところ、本件土地は幅員九・〇四

──メートルの建築基準法42条1項1号に定める道路に二メートル以上接しているから……本件処分は違法であるとはいえない。

確かに、われわれの日常でも誤字・脱字・誤植・段違い読みなど「誤り」を犯しているわけだが、判決は同社の「誤記」を当然のこととして容認し、「住友不動産が本件処分の申請時に提出した書類に道路名称を誤記したとしても」と、「位置図」に誤記があってはならないことを指摘することもなく、裁判官は「不実記載」を当然のことであるかのように認めている。厳格な司法の立場にあるとは思えない、欺瞞に満ちた形式的な判断であったと言える。

原告は、住友不動産が最初に「渋谷区道路台帳現況平面図」から「位置図」を作成したのかどうか、渋谷区が「渋谷区道路台帳現況平面図」台帳と照合したかどうか、そして渋谷区担当各部課も株式会社都市居住評価センターも、実地検証したうえで許可したものであるかどうかを問うているのであって、その証拠の提出命令さえ出せば真偽はたちどころに明らかになり、渋谷区の許可が取り消されたはずである。

さらに原告は、同社がこの開発計画の根幹を形成する「位置図」に示す道路名は「架空道路名」であると指摘しているのである。架空とは、現実に存在しないこと、虚偽に通じる詐称であると言っているのである。それに対する判決文は、「誤記」容認は「公」の反語である「私」を優先するものであり、司法が同社に肩入れしていることの何物でもなく、「竹に木を接ぐ」のたとえと同様、出口のない旗竿型袋地に架空の道路を接続させることを容認したものとなっている。

三権分立の立場から言えば、ここでは「このような初歩的ミスを犯してはならない」と厳格に判断することこそが司法の役割であり、これを看過したばかりに、やがてさらなる大きな誤りを見逃すことになった。

日本一を誇る同社が犯した「不実記載」をいい加減に処理した行政の担当部課、そして検査機関が見逃した責任も追及されなければならない。こんな初歩的なミスを素人の原告に指摘されるのは前代未聞の失態である。繰り返しになるが、判決文はこの開発地の根幹にかかわる接道の問題について、「道路名称の誤記」であると述べるに留め、この開発地は第二種低層住居専用地域であり、出口が一か所だけの旗竿袋地の欠陥敷地であること、そしてこの巨大開発が地域の景観や環境を破壊し、住民の基本的人権を蹂躙している事実を見逃している。

この開発計画地には九メートル道路が必要であると裁判官が言うのであれば、固定されたガードレールを除去しなければならない。しかし、そうすれば、開発地の出入口近くにある鶯谷さくら幼稚園の園児や日常的に利用する新・旧住民が交通事故の危険にさらされることになり、近隣住民の生活や災害時の安全、そして環境破壊に通ずることを裁判官は見逃している。

裁判官の本件開発地への理解は、無人の原野と言わないまでも、町中のミニ開発程度の開発に矮小化しているが、この街の景観と環境を後世に遺すために、原告は泥まみれになって地面を這いずり回る実測調査から、欠陥敷地が「架空道路」に接道されていることを突き止めたのである。この行為は、渋谷区長と住友不動産の「欺罔《ぎもう》」と「浮利」を求める、馴れ合いによる架空・虚偽の道路に対して、縄文・弥生人の怨念が筆者に乗り移り、立ちはだかったものである。

「渋谷区特別区道432号・433号・434号」は、昭和初期に地区の基幹道路として東京市道として開削されたものである。今日の八幡通りにつながり、山手線をまたぐように並木橋が架けられたのである。

一九六四（昭和三九）年の東京オリンピック開催を控えて、これらの特別区道は渋谷区に移管されたが、道路管理者である区長がそれを知らないはずはない。住友不動産にしても、開発地正面の幅員《ふくいん》は九メートルだと主張していても、それは鶯谷町内だけに限定した区間であり、隣接する桜丘町内と猿楽町内は九メートルの幅員を満たしていない。渋谷区道路課の職員が「渋谷区道路台帳」の存在を明示してさえくれれば、これほどの「遠回り」と、無駄なエネルギーを費やすことはなかったわけで、違法な建築計画は頓挫・中止しなければならなかったはずである。

さらに付け加えるならば、一区民である筆者が東京都に出向いて、この道路が東京市道として開削された年代と経過を確認し、一九六〇年代に渋谷区に諸資料とともに移管されたことを確かめたうえで、渋谷区道路課にその情報開示を求めたことから明らかになったという経過を考えれば、区の職員が多忙を理由にして情報開示できないということにはならない。

道路管理者として区長は、「うぐいす住宅再開発」や「渋谷鶯谷町計画」の立案時からこれを確認して知っていたはずである。しかし職員が、道路の計測に関しては住民の要望に応じていながら「渋谷区道路台帳」の存在を教示しなかったのは、大型開発に適していない道路であるか、もしくは不実記載の道路であると気付かれることを恐れていたのではないかと推測できる。

第11章
開発許可と建築確認を同時に行う神業のような違法行為

第9章で述べたように、住友不動産は本来の開発工事が未完成でありながら、八月二三日に開発工事完了申請書を渋谷区に提出し、二四日には渋谷区都市整備部土地利用係検査職員が開発工事検査を実施し、区長は二六日に「ラ・トゥール代官山」の共同住宅の開発工事完了公告を行った。さらに区長は、九月一日付で建築工事完了公告をすませた。しかし、国交省の民間確認機関である株式会社都市居住評価センターの行った建築完了検査日、検査人数、検査内容の詳細は不明のままであった。

それにしても、西松建設はわずか一週間で鉄筋コンクリート造陸屋根、地下二階付き六階建て、一棟の建物を完成させたことになるが、同社はこの開発工事において、敷地の地盤面を一度も明確にしないまま完成させたことになる。さて、本章のタイトルに示した「神業のような違法行為」

についての説明をしなければならないが、都市計画法と建築基準法に通じている専門家でさえも分かりにくいのに、素人の私がどこまで解説できるかいささか心許ないが、順を追ってお話しさせていただくことにする。

まず、都市計画法の第37条には以下のように記されている。

第37条　開発許可を受けた開発区域内の土地においては、前条第3項の公告があるまでの間は、建築物を建築し、又は特定工作物を建設してはならない。ただし、次の各号の一に該当するときは、この限りでない。

一　当該開発行為に関する工事用の仮設建築物又は特定工作物を建築し、又は建設するとき、その他都道府県知事が、支障がないと認めたとき。

二　第33条第1項第14号に規定する同意をしていない者が、その権利の行使として建築物を建築し、又は特定工作物を建設するとき。

第37条で言わんとしていることは、建築工事は土地の開発許可を受けた場合、開発許可通りに工事が完了しなければ建物の建築をしてはならないということである。地盤工事を済ませて開発許可通りに工事が完了したことを検査し、その通りの工事が完成できたことを確認して、開発完

了公告が出されて初めて建物の建築工事が開始されると法律上では決められている。しかし、「ラ・トゥール代官山」では、この法律で決められた手順を踏んでいない。法治国家の日本でそんなことがあり得るのか、と訝しく思うのは当然であるが、もう一度、渋谷区役所が九月一日に行った建築工事完了公告までの手順を整理すると、その疑問が解けてくる。

八月二三日　住友不動産が開発工事完了届を提出。
　　二四日　渋谷区都市整備部土地利用係検査職員が開発工事検査を実施。
　　二六日　渋谷区長が開発工事完了公告を行う。
九月　一日　渋谷区長がラ・トゥール代官山の建築工事完了公告を行う。

一見しただけではその手順におかしな点があるとは思えないが、「八月二六日の開発工事完了公告から九月一日の建築工事完了公告まで、この巨大な建物が、わずか七日間で完成したことになる」と言われると、筆者が「神業」という意味がお分かりになるだろう。

ここで、マンション建築を進めるために自治体が提出する法的な手続きについて整理しておくことにする。

①建築計画地の土地を形質変更する場合に、**開発許可申請書**を自治体に提出する。

②この申請書に対して、**都市計画法による開発許可済証**を自治体が発行する。

③許可を得ると、業者は開発工事を行い、完了すると**開発工事完了届**を提出する。

④届け出を受けた自治体は、検査をしたうえで**開発工事完了公告**を自治体の首長名で公に周知する。

⑤建築業者は、**建築確認申請書**を提出する。

⑥提出を受けた自治体、民間検査機関が**建築確認済証**を発行する。

この発行を受けて、建築業者は建築工事を開始することができる。

⑦工事が完了すると、自治体の担当者と民間検査機関が工事検査を行い、合格すると**建築工事完了公告**を自治体の首長名で公に周知する。

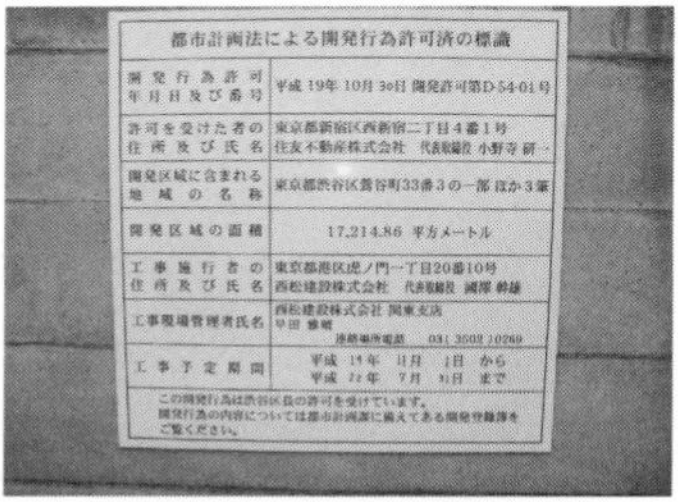

2007（平成19）年10月30日に開発許可済証を発行

この手続きを「ラ・トゥール代官山」の建築過程に当てはめてみると、二〇一〇年八月二三日に「③**開発工事完了届**」が提出されているが、当然「①**開発許可申請書**」の提出と「②**都市計画法による開発許可済証**」が発行されていたことになる。この**開発許可済証**の発行は、筆者自身が撮影しておいた「**都市計画法による開発許可済証の標識**」の写真で確認することができる。

この標識に示された開発行為許可年月日および番号の欄を見ると、日付は「平成一九（二〇〇七）年一〇月三〇日」となっている。さて、そうなると、ここに大きな疑問が生じることになる。右に挙げた手続きの手順をもう一度見ていただきたい。

「②**開発許可済証**」の発行を受けた建築業者が次にやるべき手続きは、「③**開発行為完了届**」の提出であり、渋谷区役所はそれを受けて検査をして、「④**開発工事完了公告**」を行わなければならないことになる。しかし、「ラ・トゥール代官山」の**開発工事完了公告**が行われたのは、建物が建ち上がった二〇〇九（平成二一）年八月二六日である。これは、いったいどういうことなのだろうか？

住友不動産は、二〇〇八年四月に「⑥**建築確認済証**」の発行を民間検査機関から受けて、建築工事を開始している。つまり、住友不動産は「③**開発工事完了届**」を提出せず、渋谷区役所は「④**開発工事完了公告**」を行わなかったことになる。明らかな都市計画法違反であるが、なぜこのような違法な手続きが自治体によって行われたのか、そのからくりの詳細については、巻末に掲載した「鼎談」（264〜266ページ）に譲りたい。欺罔《ぎもう》に満ちた手口がつまびらかにされるので、ぜひとも読んでいただきたい。

以上のことから、都市計画法第37条で定められている建物を建てる前に済ませておかなければならない「開発許可」を建物ができてから申請し、そこから検査をして開発許可公告を行っていたのだ。地盤工事が許可通りに終了しているかについて検査するのは、その上の建物の安全を確保するためであり、建ってしまったあとで検査するというのでは、安全が担保できるかどうか不明である。このレベルのことは、専門家でなくても素人でも十分に理解できるだろう。

基礎工事の許可を取らずに上物を建築して、上物が完成してから基礎工事の完了届を提出し、それが正式に認められると建築物が完成したことを認めるという「近道も近道」、これほどのショートカットはあるまい。正式な手続きを踏んだとするのであれば、この「ラ・トゥール代官山」は地盤工事を終えてからわずか七日間で完成させたことになってしまうのだ。

渋谷区は、なぜか「制限解除」とかいって、都市計画法第37条の「ただし書き」を根拠に建築工事をはじめてよいと説明していた。なぜ、渋谷区はこんな神業を使ったのだろうか。

開発許可で一〇棟のマンション用の地盤と敷地造成を行ったとしたら、その部分に現存する共同駐車場を建設することはできない。建築主は、最初から虚偽の開発許可申請書と建築確認申請書を作成し、フィクションとして地盤面（八・三二メートル）を築造するでっち上げのストーリーをつくり、それに合わせて開発許可申請書と建築確認申請書をつくったのではないかと考えられる。つまり、開発許可申請書および建築確認申請書自体が虚偽申請だったのではないかという疑いをぬぐい切れない。

開発行為でつくった地盤は五・一七メートルで、そこに一〇棟のマンションに共同駐車場施設を併設する複合建築をつくったのではないか。そして、地盤面の操作をするために、共同駐車場の屋上面を一〇棟のマンションの地盤面を八・三二メートルとし、それ以下を地階とした（二八五ページ参照）。

「架空の地盤面」であっても、建築基準法の地盤面と記載することで建築面積に算入しなくてもよいと申請者は考え、「架空の地盤面」を共同駐車場の屋上面に道路というトリックを編み出し、それに合わせて開発許可申請書と建築確認申請書をでっち上げたのではないだろうか。しかし、あとになって調べると、渋谷区長自身がこの違反トリック計画における首謀者の一人であることが分かった。

The Gate Memory
渋谷から代官山の丘の上に、それは大切に残されていた。
この広大な土地は元々、外国人向けの高級住宅地のあった場所。
ここにあった豊かな樹木、そして趣のある石垣にこの土地の記憶が残されている。その石垣は、ここに生まれる新しい住まいのゲートとして受け継がれる。

この文章は、「ラ・トゥール代官山」の募集パンフレットのフロントページにあるものだが、

登記された建物の表示

所　　在	渋谷区鶯谷町33番地２
家屋番号	33番地２の２
種　　類	共同住宅
構　　造	鉄筋コンクリート造陸屋根 地下２階付き６階建
床 面 積	１階　6,685$m^2$84
	２階　6,496$m^2$57
	３階　6,496$m^2$48
	４階　6,060$m^2$32
	５階　5,458$m^2$43
	６階　4,111$m^2$63
	地下１階　6,775$m^2$32
	地下２階　8,415$m^2$17

原因及びその日付（登記の日付）
平成22年９月１日
（平成22年９月22日）
所　有　者（住所略）
住友不動産株式会社

同社はこの地の縄文・弥生の一〇〇余棟の竪穴住居跡など民族的文化遺産を開発の餌食として破壊し、ジェノサイトにも似た凶暴な強行工事によって一棟のマンションを完成させた。

前述したように、同社は二〇一〇年九月一日の渋谷区長の建築完了公告を受け、同月五日に東京法務局渋谷出張所において「(仮称)渋谷鶯谷町計画」の一〇棟に及ぶ共同住宅の建築登記申請の事前相談を行ったところ、同建物は一棟であることが明白であったために、同社は同月一五日、建築登記書類一式を一棟に訂正するとともに、建物平面図などを添付して登記申請を行い、同月二二日、「ラ・トゥール代官山」は一棟の共同住宅として登記が完了している。しかし、外観写真は、書類作成日には工事中であったため、それ以前のものが使用されていた。

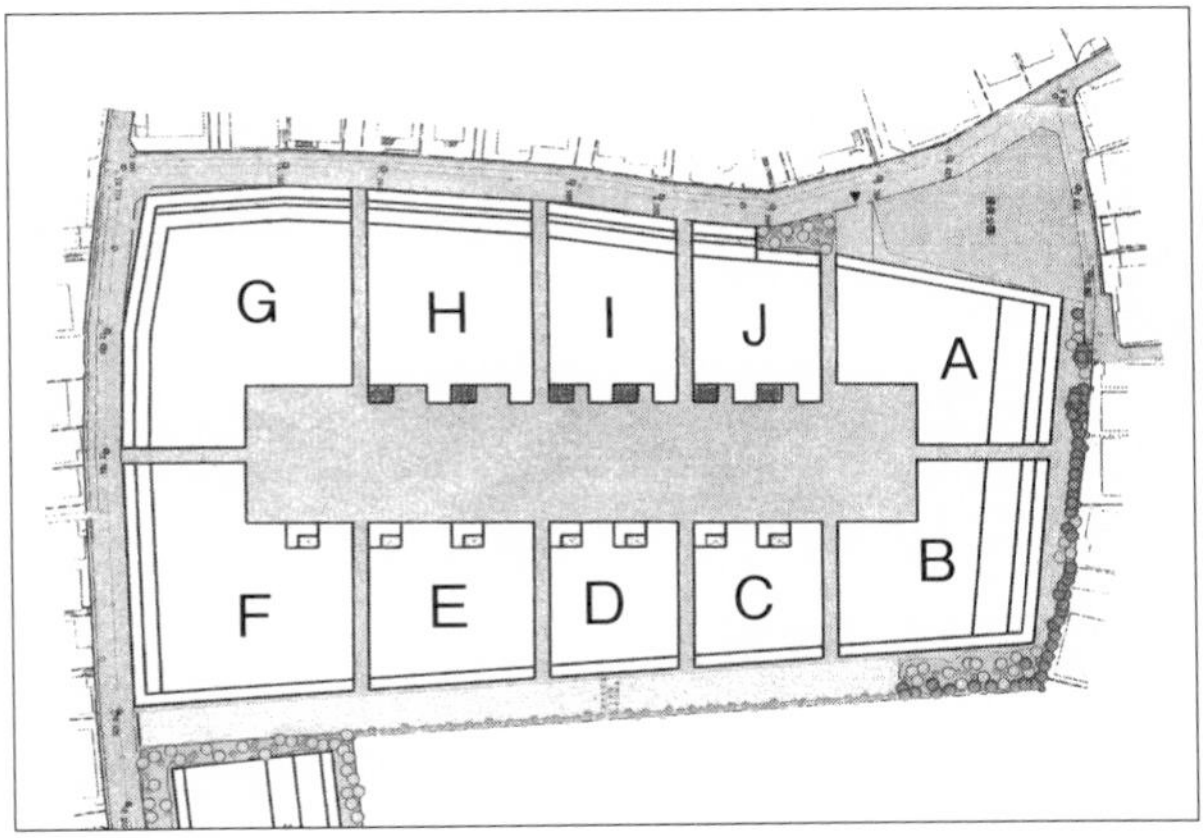

建築申請時の配置図
各棟はアルファベットでＡ～Ｊと10棟に区分されている

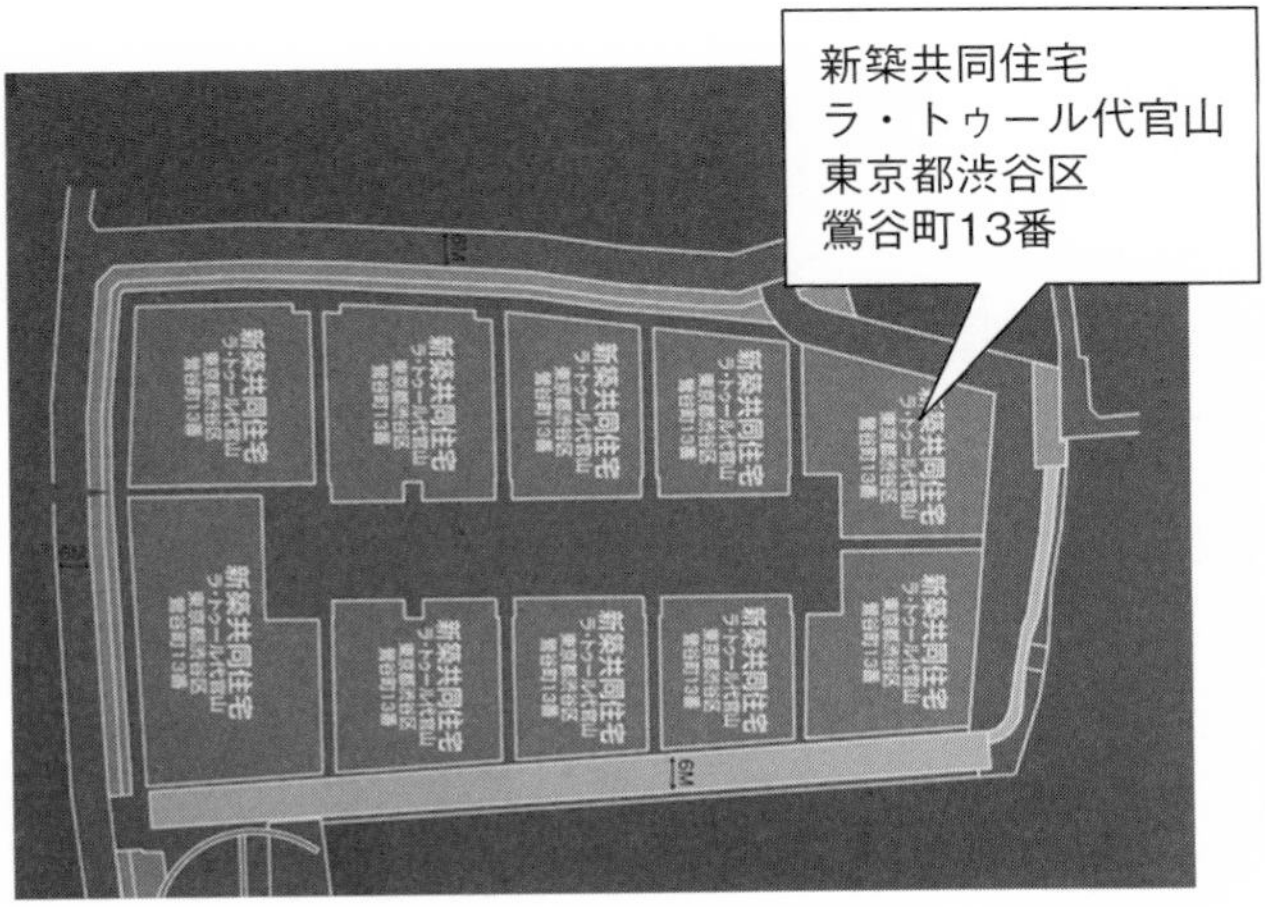

建築完了後の建物表示
10棟に区分されているが、住所はすべて「新築共同住宅　ラ・トゥール代官山　東京都渋谷区鶯谷町13番」で統一されており、この建物が一棟であることを示している

一〇棟として完成した建物が一棟として登記されたことは、一見単純な修正にも思えるが、ここには重大な疑義がある。住友不動産は「ラ・トゥール代官山」を一〇棟で建築確認申請を行い、渋谷区は完成時に検査して一〇棟の建物として「建築工事完了公告」を行っているのだ。筆者は、この建物が構造的には一棟であるとその違法性を裁判で争ってきたが、すべて却下されてきた。しかし、法務局でこの建築物が「一棟である」とされたことは、筆者の主張の正当性が裏付けられたとともに、確認申請そのものが無効となり、住友不動産と渋谷区は一貫して違法建築物を建ててきたことになる。行政において、渋谷区は一〇棟だとし、法務局は一棟であるとするのは完全なダブルスタンダードであり、こんなことが許されている日本は法治国家と言えるのだろうか。

渋谷区、住友不動産、西松建設、日建設計が共謀した大規模再工事

炎天下の喧騒を極めた工事現場に、一瞬ながら静寂が訪れたのに気付いたのは二〇一〇（平成二二）年八月二三日、渋谷区の開発計画完了検査日の前日のことであった。慌しく出入りしていた作業車と作業員たちの動きが止まった。建物を回る提供道路が整理されて、区道との境界上となるまだ道路指定を受けていない歩道上空地は防護柵で取り囲まれ、再工事の足場と資材置き場に転用する準備がされていた。

平成22年８月31日

ご近隣の皆様へ

住友不動産株式会社

道路沿い外構部分　改修工事実施のお知らせ

拝啓、皆様方におかれましては、ますますご清祥のこととお慶び申し上げます。

さて、（仮称）渋谷鶯谷町計画建築工事に当りましては、長期間に亘りご迷惑をお掛けいたし誠に申し訳ございません。本日を持ちまして、建築工事が終了する予定でございましたが、大変恐縮ですが、道路沿いの外構部分の改修工事を実施しなければならなくなり、改めてご挨拶とお詫びに参上致しました。

作業に当たりましては、何かとご迷惑をお掛けすることがあるかと思いますが、注意して作業を行いますので、何卒ご理解とご協力を賜りたく、よろしくお願い申し上げます。

敬具

なお、本件に関するお問合せ等は、下記担当者宛ご連絡をいただきますようお願い申し上げます。

［お問い合わせ先］　住友不動産株式会社　担当：[redacted]
電話：03（3346）8892

開発地西北の公園より区道434を望む

提供道路とは、前述したように所有権は同社の所有のままで、開発地の敷地面積の一部を区の道路に提供し、その見返りボーナスとして建築面積を大きくするという「総合設計制度」の悪用によるものである。

一棟を一〇棟という嘘で塗り固めた登記まで行っていながら、同社は完了どころか、工事続行の「お知らせ」を近隣住民に配布した。八月三一日、「本日を持ちまして建築工事が完了予定」であったが、「道路沿いの外構工事」を行うという前ページのチラシを配布したのだ。さらに同社は、九月二日から、大型建設機と作業員を動員して、当初は一〇棟と申請されていた「ラ・トゥール代官山」の大規模な区画変更工事を開始している。これは、渋谷区と住友不動産・西松建設・日本設計との間で周到・綿密に謀議されたものであった。

外構工事と呼ぶ形質変更工事——それは基本的人権侵害工事の典型

九月二日に開始された大規模な工事は、「道路沿いの外構工事部分の改修を実施しなければならなくなった」と近隣にチラシで知らせたが、この「お知らせ」は形質変更を伴う工事であるうえに、四七日間にも及ぶものとなった。本来、この「お知らせ」は、会社を代表する社長名か担当部長名で出すべき重要な工事であるが、それを営業担当者名で出して、しかも渋谷区建築課には口頭でしか伝えていなかった。それが判明したのは、その後の情報公開による。

再開した形質変更工事は、区道432号の正面ゲートからはじまったが、区道463号・区道464号・区道465号はすべて再び防護シートで覆われ、路肩には作業車が列をつくり、建設機械が下ろされた。動員された作業員が一斉に防音と防護シートの中に消えると同時に、金属とセメントを分断する音が発生した。

三〇〇〇平方メートル以上になる土地の形質変更を行う工事をする場合は、着工三〇日前までに行政への届出が必要とされているのであるが、工事日程表には「外構工事、検査・手直し」と記入されているだけであった。よって筆者は、カメラを用意して、完了検査前と形質変更工事の実際、そして、この工事終了後の状況を記録に留めておかなければならないと直感した。

この変更工事は完了検査時より用意されていたもので、すでに歩道上空地は整理され、いつでも工事が開始されるように準備が整えられていた。そして、九月二日の工事開始日になると、区道432号の敷地正面のゲートは防護パネルで覆われ、二台の作業車が忙しく動き回り、区道463号の六棟から地下に降りる専用通路入り口もパネルで固められ、警備員が区域内通路への出入りをチェックした。

区道463号には一本の「枯れ木」があったが、それは夏場から放置されていたもので、外構工事であるならばこの「枯れ木」は最初に植え替えなければならないのに、渋谷区の道路確定検査が行われた一一月まで放置されており、外構工事が欺瞞に満ちた形質変更工事であった証明となる。

一方、特別区道464号は拡幅されており、未指定のままで工事に使用できないにもかかわらず、大型作業運搬車から工事用の車両が下ろされ、提供道路には二層の足場が組まれ、「防音」の文字が刻まれた防護シート内では耳をつんざくばかりの金属音が発生していた。

開発業者への典型的な私益幇助

筆者宅から歩いて三分ほどの所にある、区道465号と結ばれる植栽帯に突き出たモルタル擁壁の除去作業が早朝一番から開始された。この擁壁は敷地内から突出しており、強固に固められていたが、強力ドリルによる発破《はっぱ》で切削するという除去の仕方で、耳をつんざくばかりの騒音とともにセメント粉末を撒き散らした。早朝から開始された突然のこの騒音に対して近隣住民は、屋外に飛び出して作業員に抗議した。これは、明らかな形質変更工事（土地の形や変更が伴うもの）であったにもかかわらず工事日程表を未掲出のまま行われたものである。住民はその掲出を求めたが、それは材料置き場の底に隠されていた。

工事によって区道に並行している植栽帯も一斉に掘り起こされた。のちに、これについての西松建設の工事責任者が証言しているが、「設計ミスが原因である」と述べた。この区道465号が直角に左折する地点は、西松建設が所有していた「エバーグリーンパークホームズ」時代には、左に曲がれば直進して区道870号に達していた。しかし、開発計画では、この角地に渋谷区道路標を新たに埋設し、筆者宅の境界に沿って歩道状空地（提供道路）を敷地内に四・七五メートル引き込んで区域内道路と接合させ、その地点に鉄鋼製門扉を設置して完成させている。この結果、新たに設けられた歩道状空地を進む歩行者は、渋谷区道路標から四・七五メートル引っ込んだ開発地内まで進んで、区域内通路に達することとなる。この地点が、筆者宅のリビング・ダイニングの真正面であった。

当初から渋谷区は、これについて、境界から建物の距離は「一二メートル確保されており」、日照も掘割の崩落の危険はなく「我慢の範囲」だと主張していた。しかし、それは図面上だけの理屈でしかな

区道465号に並行する植栽帯と擁壁の撤去工事

い。開発工事以前の境界は万年塀によって遮られていただけだったが、完成後は鋼鉄フェンスと植栽帯とを歩道状空地の区域内に延ばしたため、公共空間と筆者宅の庭を挟んだ距離はわずか二・六メートルとなり、リビング・ダイニングとまるで接するかのような近さになっているのだ（一五四ページの写真参照）。

一方、住友不動産は、建物配置図上でも、個別の説明会においてもこの境界についての説明を怠っており、筆者宅の私的空間が提供道路上から覗かれるにもかかわらず、同社は何の説明をしないまま完成させている。このような行為は、同社が戒めていた「浮利」の追求そのままであり、境界に隣接して居住する人間の存在を無視した配置図だったことの証明であったと言える。

建物から一二メートル隔たった境界がフェンスで仕切られ、その二・六メートル先の茅屋《ぼうおく》には、納税の義務を果たしている老夫婦が、食べて、寝て、歌うといった生活を送っているのだ。まさしく、基本的人権が侵害され、苦しむのを見逃すという、「総仕上げ」とも言える工事であった。

プライバシーとは、私生活に関する事柄（私事）がほかから隠され、干渉されない状態を要求する権利、公共的空間から私的空間が見えないこと、覗かれないことである。そのためには、不透明な空間が要求され、私的な空間が保護されなければならない。「不透明の空間」は他人から「私」が見透かされない空間であり、その不透明空間は、「私」がどのような行為をしようが第三者からは干渉されないという場である。

前述したように、この外構工事は、渋谷区と住友不動産・西松建設・日本設計との間での、事前の周到・綿密な謀議なしにできるものではなかった。現場を見れば、補正による追加工事というよりは形質変更工事であることが明らかであった。そこで、建物の周囲で一斉に再開された工事風景を写真と文章で組み合わせた「違法な『(仮称) 渋谷鶯谷町計画』La Tour DAIKANYAMA 建築協定違反と労働慣行無視の強行工事」を、二〇一〇（平成二二）年八月二六日付の「陳述書」に凝縮させて裁判所に提出することにした。

渋谷区とのなれ合いのもとに展開されている同社の大規模な再開工事への怒りは、七月、真夏の強行工事への怒りと重なり合って、この無法工事の事実を世間に訴えなければならないという使命感が増すばかりであった。そして、これを看過することは、違法計画を許可した渋谷区と同社を喜ばすばかりであるという思いが日に日に増していった。

さて、この凶暴な理屈に合わない再工事は、二〇一二年九月一三日から開廷される「開発許可処分無効確認等請求控訴事件」の口頭弁論を嘲笑するかのような工事であり、この不法を世間に訴える資格があるのは、目の前で連日にわたって苦しめられている筆者以外にいないことに気付いた。九月一三日の口頭弁論の期日が差し迫るなか、徹夜して都市計画法違反の「完了公告」に対する「陳述書」の仕上げに取り組んだ。その内容は、区道432号から区道463号、区道464号、区道465号ごとの工事実態を写真とコピーで編集したものである。

「すでに建物は建っている」で、渋谷区は逃げ切る算段だった

二〇一二（平成二四）年九月一三日、東京高裁における第一回法廷が開廷した。筆者が徹夜で仕上げた「陳述書」は、開廷時間前に代理人から法廷に提出された。一方、渋谷区の代理人は、開廷前の廊下でこの陳述書を読み耽りながら入廷してきた。

壇上の裁判長が開廷を宣言したが、渋谷区代理人と三人の裁判官までもが、原告の弁護士が控訴理由を述べている間中、筆者の「陳述書」を熱中して読み続けていた。そこには、写真と文字の組み合わせた再工事の実際が生々しく活写されており、動かすことのできない違法工事の証拠が収録されていた。

時間が経過しても渋谷区代理人は、この「陳述書」から目を離す余裕もないほどで、裁判長に発言を促がされてようやく発言をしたものの、緊張から声が上ずって聞き取れないほどであった。その発言の趣旨は、本件は渋谷区長の「開発完了公告」がすでに出されている以上「訴えの利益がない」と、直ちに結審することを求めるものであった。

渋谷区代理人は、当初からこの「訴えの利益がない」ことを理由に結審を求め、これで押し切れるという算段をもって法廷に臨んでいたようだ。まさか筆者の「陳述書」が法廷に提出されよ

うとは、予想だにしていなかったと思われる。もちろん、渋谷区を代表して傍聴していた都市整備部職員にとっても想定外のものであったのだろう。この滑稽な慌てぶりの一部始終は、法廷にいた傍聴者にすべて目撃された。

原告が提出した「陳述書」に対して、渋谷区代理人は「すでに建物は完成している」と主張したが、それは虚しい主張であった。そして、次回法廷は同年一二月一三日と決まった。

完成した「ラ・トゥール代官山」手前の戸建てが筆者宅

法廷から帰宅したときも、開発地の区道には作業車が歩道上に列をつくっており、建設機械の活発な動きと騒音は消えることなく継続していた。区長と担当部署の都市計画課長は、翌日に再工事の現地検証を実施したのであろうか。同年一〇月一七日、同社は工事完了の挨拶のポスティングを行った。建築工事は、二〇〇七年四月に開始してから三年六か月で完了したことになる。

第12章 工事終了後、住友不動産と渋谷区役所から住民が受けた二次被害

筆者ら夫婦が生活する木造住宅は、「ラ・トゥール代官山」の工事中、一階の半分の雨戸は閉め切りを余儀なくされ、さらに開発工事完了公告と再工事の終了後は、区道465号に並行した歩道状空地が開発地敷地内に凹型に引き込まれた。その結果、歩行者が「擬制区道」とも呼ぶ提供道路に足を踏み入れるようになり、境界上のフエンス越しに覗き・放尿・放痰・カメラの撮影・バイクの放置など、基本的人権の侵害が日常化することになった。

ここでは、工事終了後に筆者が住友不動産と渋谷区役所によって受けた二次被害の数々について述べておきたい。

住友不動産の社員は、筆者宅のリビング・ダィニングで卑劣な行為をした

二〇一〇（平成二二）年一〇月二五日の午後、住友不動産の社員が若い西松社員と連れ立って来宅した。その目的は、開発工事が終了したので、渋谷区へ提出するために現存住居の損傷調査をさせてもらいたいというものだった。

二〇〇七（平成一九）年七月に開かれた開発計画の説明会が終わった直後、同社の社員から「家屋調査をしたい」という電話での申し出に対しては、有無を言う暇もない一方的なものであったため迂闊にも応じてしまったが、それ以来、あのときなぜ拒否しなかったのかと悔やまれることしきりだった。

「ここでは狭いので、上に上がって話を承りましょう」と咄嗟に返答した筆者の言葉に誘われて、二人はリビング・ダイニングに上がった。彼らは、計画時から優越的な立場で住民に接し、地下二階・地上六階の鉄とセメントで固めた巨大なゲーテッドマンションを完成させたわけだが、開発工事前の調査と比較して近隣の住宅にはまったく影響を与えることなく、無疵であったことを書類にして渋谷区に提出することが目的であった。

笑顔でこそ迎えなかったが、それでも室内に入ることを許したのは、この開発計画が地域の環

境と景観を破壊するばかりでなく、個々の住民に未来永劫「人権と人格権、環境権、健康、生命、財産の喪失の危険と苦痛」を与え続けることになるという実際の空間を見せつけたかったからである。そのためにも、彼らが建ち上げた巨大な建物の足下にある茅屋に座ってもらい、マンションを見上げて眼底に焼き付けてもらうこと、そして、その様子を記憶に刷り込んでもらうことを筆者は目的にしていた。また、最初期から優位に立って一方的に押し付ける形で完成させた彼らに、劣者が受けた実際を体感してもらうまたとない機会であり、また新しい境界の実際を確認してもらうには絶好の機会だとも考えた。

招き入れた客人を、筆者はリビング・ダイニングの縁側まで案内した。その正面には新しく設置された鋼鉄フェンスがあり、手前には小さな空間を利用した日本式庭園と花壇が設けられているが、目の前の隙間越しには、植栽帯、歩道状空地、区域内通路、そして境界上に門扉がある。その一二メートル先には、彼らが建ち上げた暗黒色の巨大マンション「ラ・トゥール代官山」が居座っており、空を見上げるには窓際までにじり寄る必要があり、座ったままでは鉄とセメントの建物の片隅に空がわずかに見える程度であることに気付いたはずである。

筆者は客人をテーブルに案内し、妻を脇に置いて対座したが、ごく穏やかな気持ちで接することを心掛け、同社員に「ここからの眺望はいかがですか？」と、まず印象を尋ねた。

「…………」

長い沈黙が続き、返事がなかったが、境界デザインの変更を申し出たフェンスを、一片のメモさえわたさなかったまま完成させた景観を、反対側からじっくりと眺めてもらった。両人が座った椅子からの視界は、縁側からの景観よりさらに狭くなっており、その威圧感と圧迫感を歩道状通路から覗き見されるという体験をしてもらった。

「座った場所から眺めた印象を聞いているのです。モノを見て美しいとか、醜いとか、抓ねられて痛いとか痒いとか、人間の言葉で答えてくれませんか。私はあなたたちを責めているのではない。目の前の光景の、ありのままの感想を聞いているのです」と催促しても、彼らは口をつぐむばかりだった（一五四ページの写真参照）。

重ねて尋ねると、「新しい建物ができました」とようやく答えた言葉は上ずっており、「公園と道路を提供しました」と付け加えた。社員は「公園」と言っているが、公園法に基づいた公園ではなく、その広さは前述のように、谷底の三八八平方メートル（一一七坪）にすぎないし、提供道路にしても所有は同社のままの擬制区道であり、開発計画上の空地確保のための歩道状空地にすぎないうえに、「建物と境界の距離一二メートル」は欺瞞《ぎまん》であった。

「そんなことを聞いているのではなく、この縁側とフェンスの至近の距離を見てください。昨日までは戸建てと戸建て、今日からは集合住宅と戸建て、多数の目と一つの目、上から見下され、下からは見上げる関係でしょう」
「………」（沈黙）
「ごゆっくり眺めてくださいませ」と妻が発言したが、この女性の声は緊張した雰囲気を和らげることになった。そして妻が、正面建物のガラス窓に隣家の洗濯物がそっくりそのまま反射して映し出されていることを話題にすると、その瞬間、この社員は内ポケットに手を入れ、不審な手つきをした。向い合って座っていた私がその動作に気付いて、「録音しているな！」と指摘すると、社員は豹柄模様の携帯電話を取り出してテーブルに置こうとしたが、蓋が外れて慌ててポケットに戻してしまった。

来宅当初から携帯電話で録音していたようだが、筆者の指摘に動揺して、操作を誤って落してしまったのだろう。二年前の個別説明会の際にもそれを携行していたことを思い出し、この「無礼」というよ

手前が社員の言う「公園」

りも「卑劣さ」に呆れ返ったが、追及する気にもなれなかった。

「自分の会社でもないのに威張るなよ」と、筆者はたしなめるように言うのが精いっぱいだった。これまで数えるほどしか対話したことがなかったが、物事を頼もうとするのに、その相手に誠意を示す気持ちがまったくなく、卑劣な態度、品性の下劣さに呆れ返るばかりであった。もはや対話をする気もなくなり、怒りに耐えながら締めくくりの意味を込めて諭すように話したが、同人は、「私は会社の番頭にも及ばない使い走りです」と自虐的な言葉で答えるだけだった。

それにもかかわらず、この社員は、最後になって渋谷区へ提出する「家屋破損調査」の許可を求めるという厚かましさであった。渋谷区への工事完了報告書に添付する書類で、近隣住居に瑕《か》疵《し》を与えていない工事であったことを証明するためであろうと筆者は推測したが、「向こう脛を蹴られても取って帰れ」という同社グループの厚顔、貪欲さの片鱗を垣間見た思いがした。

そういえば、玄関で「お上がり下さい」と言った際、普通ならば「ここで結構です」と言って辞退するものだが、室内に足を踏み入れてきたのは、敵対してきた他人の私的空間を覗くことに興味があったからだろう。

筆者の住居は建築基準法に適合した木造二階建てで、北側に玄関を取り、ワイドなガラス戸が嵌まった南側のリビングは我が家の生活における中心であり、かつて正面は「エバーグリーンパークホームズ」の万年塀と向かい合い、その塀越しに緑の借景をのぞめるという静謐な空間は、何事にも代え難い自由で心が癒される世界であった。

数日経った三一日、筆者は西松建設の現場所長に連絡をし、住友不動産の社員が来訪したときと同じように、彼らが建設したマンションを見上げてもらった。さらに、会話の最後に再工事の理由を尋ねると、同所長は率直に「設計ミスであった」と事実を語ってくれている。

住友不動産の社員の来訪が一つの転機となって、筆者は渋谷区都市整備部土地利用審査係への訪問を思い立ち、情報開示を求めることにした。以下は、工事終了後一年の追加報告である。

「ラ・トゥール代官山」に入居が開始されると、明けても暮れても、筆者の日常生活は監視されることになったわけだが、二〇一一（平成二三）年九月一七日の朝食中、真ん前の門扉の施錠が外され、突然、隣接地で作業員による植栽の剪定がはじまった。除草機の金属音が建物に反響して、リビングのガラス戸を揺るがしはじめたのだ。これは「ラ・トゥール代官山」の美的・快適性維持を目的とした除草機の騒音であり、高架鉄道直下で聞く電車の通過音に等しいものであった。

すぐさま作業員を通じて、マンション管理者を呼び出すと女性が現れた。区域内通路と歩道状空地から私の自宅を覗いてもらったあと、玄関からダイニングに案内して、一年前に同社の社員が座った位置から女性の目でマンションを眺めてもらい、これだけの騒音を一方的に撒き散らすことに対して抗議を行った。

それから一週間後、住友不動産の社員から非通知の電話がかかってきた。最初の口上は、「騒音はお互いさま」であるともいうものだったが、いったい住民がどんな騒音公害を流しているというのだ！　新たに建ち上がった建物が発生する環境破壊の騒音であり、それが狭隘な建物間に反響しあって発生しているものである。彼らの環境を整えるために、近隣住民が耐えられない苦痛を強いていることなどまったく配慮されていなかった。

開発が一方的なものであることを理解できずに、人間として詫びる言葉もない高圧的な態度で弱者に向かうというのが住友不動産の体質と言ってよく、「次回の裁判では証人として出廷してもらう」と言い返すと、それ以上の言葉を発しないまま沈黙した。

それ以来、季節ごとに「植栽メンテナンス実施のお知らせ」のチラシが配布されるようになったが、これは住友不動産と「ラ・トゥール代官山」の連名で配布されたものであり、作業による騒音を発生する機械は使用しなくなった。だが、チラシには住所や連絡先の電話番号が明記されていないことから、地域住民からの苦情を封殺するという姿勢を嗅ぎ取ることができた。

「人権侵害部分の手直しを住友不動産に求めましょう」渋谷区開発担当者

住友不動産の社員の来訪を受けたことを契機に、座して踏みつぶされるよりも人間としての権利回復に向けた活動を目指すことにした。手はじめに、住友不動産の「(仮称）渋谷鶯谷町計画」に携わった渋谷区都市整備部開発課の係長を訪ねることにした。同計画の申請書受理の最初期から「ラ・トゥール代官山」の開発完了届を受理して、完了公告を行った経緯から見て、同課にはこれらの必要資料が保存されていると同時に、その経緯をもっともよく知っていると思われるからだ。事実、係長本人は渋谷区を代表して法廷を傍聴していた人物であった。

先の「開発許可処分無効確認等請求控訴事件」で法廷に提出した「陳述書」を持参して、渋谷区都市開発課の担当者に挨拶を終えると同時に、完了検査直後の再工事の生々しい風景写真を示して、「この再工事の内容と理由の説明をしてもらいたい」と挨拶代わりに質問した。

「…………」

沈黙が続くばかりだった。返答しようにも返答することができないのであろう。時間が経過したとはいえ、法廷で渋谷区の代理人が狼狽した様子とそっくりであった。

「現場をご覧になりましたか？」

「……」

「この区道465号の擁壁の撤去と歩道状空地の工事は、明らかな形質変更工事ですよね」と問うた。

「……」

返答はなく、沈黙がさらに続いた。

「これらは開発条件である敷地と道路の関係、分母と分子の関係ではないのですか」と、冗談半分に誘い掛けても返答がなかった。この投げ掛けは、西松建設の所長が言う設計ミスを背景に追及したものだった。そして、筆者宅のリビング・ダイニングの正前に見える新規門扉の新設理由を率直に尋ねたが、やはり沈黙のままだった。

「歩道状空地が開発地内に食い込み、私の基本的人権が犯されている状況を知っていますか？」最後の問いを発した。私的空間のことは、何としてでも渋谷区の確かな返答として聞かねばならないことであった。

「その『人権侵害部分の手直しを住友不動産に求めましょう』」という返答には、耳を疑ってしまった。

「現地を知っているのですか」と問い返したところ「知らない」と答えたが、同係が再開工事の現場を知らないはずはなく、嘘をついていることが明らかだった。

「人権侵害部分の手直しを住友不動産に求めましょう」と繰り返し発する言葉に、筆者は驚愕するばかりだった。「人を馬鹿にするにもほどがある」と怒鳴り返してやりたかったが、だからといって「お願いいたします」という返答ができるはずもなかった。

「せっかくの好意ではありますが、お断りします」と、緊張した雰囲気のなかで丁重に断った。親切ごかしに綺麗ごとだけの見せかけは筆者への侮辱であり、何で敵対する相手の同情にすがらなければならないのだろうかという思いが募るばかりだった。とはいえ、渋谷区の職員がいつでも住友不動産に言葉を掛けることができることを知るに及んで、これこそ情報公開請求に勝る貴重な証言を得ることにもなった。

その後、筆者は、東京高裁の判決が出る前の時期に、再び土地利用係を訪ねて渋谷区の都市計画法第37条とその附則の解釈について、担当職員の見解を聴き洩らしていることもあって、コピー料金を支払うので同法の複写を求めたところ、同係は「著作権法によってそれはできない」と言って断ってきた。開発許可に携わる職員が、「都市計画法」に著作権があり、コピーができないとはブラックユーモアであって、これを記録に残してもよいかと念押しをしたところ、確信的に「よろしいです」という返答であったので、ここに記録することにした。

渋谷区の「分掌事務概要」によれば、「土地利用係」は「開発行為の許可に関すること」を担うとあるが、前年にも課長が住民の質問に答えられなかったことを思い出した。ちょうどそのころ、同係は筆者の「陳述書」への「証拠説明書」である「乙23号証」と「乙27号証」の準備中であったことがのちに判明するが、その準備書面に使用した地図は、平成一九年版以前に出版された都市地図を用いたものであった。当時の「鶯谷町一三番」には二五戸の建物があるはずなのに、渋谷区職員らはそれを消却して、フラットに改竄《かいざん》して裁判所に提出をしていた。

「これは前任者のやったことなので答えられません」渋谷区都市整備部長

渋谷区都市整備部開発課の訪問時に得られなかった都市計画法第37条と開発完了公告のコピーについて、渋谷区の開発完了検査の実態を知るために、これらの業務を「命じた」渋谷区都市整備部長と二〇一一（平成二三）年一〇月一五日、筆者は妻とともに面会した。部長席を訪れるのは四回目で、最初に訪ねたのは二〇〇七年五月である。住友不動産の「（仮称）渋谷鶯谷町計画」が発表された直後で、近隣住民とともに計画の縮小を陳情したにもかかわらず、隣接地のうぐいす住宅の建て替え促進を一方的に話し出すという不誠実さで、住民感情を逆撫でするものであった。

次は、東京都開発審査会の開会直前に申請の取り下げを強要されたとき、続いて、その直後の二〇〇八年六月、住友不動産の建築確認済証の不掲示、渋谷区指定保存樹林、区長の開発現地視察問題が連続して起こった時期である。そもそも、渋谷区の法令順守の欠如によってこのようなことが起こったものである。さらに言えば、渋谷区と住友不動産が共謀して、人類文化の貴重な「鶯谷遺跡」と縄文・弥生人を無慈悲に葬り去った祟りによるものだ、と部長に教えてやったことを思い出した。

さて、部長席前のテーブルに向かい合って挨拶を交わしたあと、以下のような問答を行った。

竹居　私たちが今日ここに伺ったのは、行政とは住民の安心と安全の向上が第一義であることを確かめるためです。

部長　その通りです。私の前任職は区民部長で、ここに来たのは四月からです。

竹居　ところで、「鶯谷町計画」の現場はご存知ですか?

部長　知っている……（と言いかけて）、場所だけは知っています（と言い換えた）。

竹居　私たちの住む桜ヶ丘町、鶯谷町、鉢山町、猿楽町周辺の住民は、この地域で大地震や火災が発生した緊急時にはどうすればよいのでしょうか?

部長　大通を通り抜けて渋谷区の指定地域に行くことです……。

（部長の発言を遮って）

竹居　渋谷区の避難の方策を聞いているのではなく、私たちの住む地域のことを聞いているのです（開発以前は避難路地図が二か所にあったが、現在はないことを告げた）。

部長　………。

竹居　私が知っているのは、猿楽小学校も鉢山中学校も避難場所と指定されていますが、開発地の正面の区道432号は、桜ヶ丘町の起点は八メートル余りにすぎず、終点の八幡通りに接する部分も同様です。それに、区道432号を左右に横断する道路のいずれもが狭くて曲がっています。さらに、旧大和田小学校は指定避難場所だったのに、渋谷区総合文化センター大和田が建設されてしまいました。また、裏通りはご存じの通りの狭い道です。区長は渋谷駅前をボトルネックと表現していますが、この表現、使い方は学問的に誤りであり、駅周辺の混雑は道路の複雑さによるものです。都市計画とは、集中を分離させることではないでしょうか。世界中で一三〇〇万人もの人口が一極に集中している都市はないですよね（のちに、韓国ソウルがあることを知った）。

部長　………。

竹居　ところで、渋谷区は「開発完了公告」を出したと言っていますが、「完了」の出口部分だけを強調しています。出口があれば当然入り口があり、中途があるはずです。（用意した都市計画法第37条のコピーを読み上げて）、しかし、「開発完了公告」が出されたのは昨年の八月二六日であり、住友不動産はそれ以前（二〇〇八年四月一〇日）に建築工事をはじめています。存在しない開発地に「建築申請」をして、渋谷区は「開発完了公告」を出しています。そして、一週間後には「建築工事完了公告」まで出しています。あの大工事が一週間で完成できるはずがありません。これは明らかな違法ですよね。

部長　建物はでき上がっています。

竹居　この条文を読めば違反だと言うことがよく分かりますよね。

部長　これは前任者のやったことなので答えられません。私は、そのときは在任しておりません。私は、その当時は在任していません（繰り返した）。

竹居　渋谷区は写真五四点を提出していますが、撮影地点の地図が添付されているだけで、キャプション（説明文）もなく、撮影者の撮影意図が不明のものがありますが、完了検査のチェックマニアルを公開してください。

部長　それはありません。私の前任者がやったことです。

竹居　（渋谷区の提出した乙25号証「渋谷区処務規程」を見せて）職員は全体の奉仕者として、このように慎重・丁寧に検査したとあるからには、この大規模開発工事の「検査マニアル」がないはずがないでしょう。住友不動産の「工事完了申請書」を丸飲みにしたのですか？

部長　………。

竹居　区道名の誤りを見逃したことについては、渋谷区職員懲戒分限審査委員会規程の対象にはならなかったのですか？

部長　これは図面を書いた人のミスで、渋谷区はあずかり知らないところです。

竹居　それを受け取った渋谷区職員がフリーパスで処理しているのです。

部長　ミスの見落しでありますが、人間のやることで、処罰の対象ではありません。

竹居　では、渋谷区には「上申」、「回答」の取り扱い規程があるのですか？

部長　ありません。

竹居　区道432号の間違いは、当初の住友不動産の誤りですが、それを受け付けた渋谷区のチェックミスでしょう。そして、この道路名の架空・偽作を、渋谷区はどの部署から住友不動産に伝えたのでしょうか？

部長　渋谷区はやっていません。

竹居　渋谷区が伝えなくて、住友不動産はどうやって知ったのですか？

部長　渋谷区ではありません。

竹居　渋谷区は保存樹林の損傷事件で、西松建設に一七日間の休工を命じ、西松建設は「始末書」を提出していますが、それは何を基準にして行ったものですか？　住友不動産の「建築確認済証の不掲示」と道路問題の不実記載では行政処分がありませんでした。

部長　前任者のやったことで、私は知りません。それは比較できないことです。

竹居　昨年八月の「開発工事完了申請」の際、「建築工事協定」の違反はご存じですか？　住民があれほど暴力的な工事に苦しめられながら（思わず涙がこみ上げてきた）、開発許可権者が見逃すなどというのは酷すぎるではありませんか。それが「開発工事完了公告」と重なる時期ですよ。

部長　苦情のあったことは聞いていますが、前任者のことで、「民・民」の協定に渋谷区は強制力がありません。

竹居　部長は、開発現場を視察したことがありますか？

部長　あります（ここで「開発地を知らない」と言った嘘がばれてしまっている）。

竹居　区道463号と464号の先が狭かったでしょう。

部長　………。

竹居　渋谷区は「訴えの利益がない」と答弁書に書いていますが、何を基準にしているのですか？

部長　それは裁判用語で、代理人が使ったものです。

竹居　最初から「訴えの利益がない」と決めていたのですか？

部長　………（しばし沈黙のあと）道路のことは申し訳ありませんでした。お詫びいたします。

（このとき電話が鳴り、会話が中断したので離席の準備をした）

部長　コピーをお返しします（持参した「都市計画法の第37条」のコピーを受領）。

竹居　（立ち上がりながら）言い忘れておりましたが、私の家のリビングと寝室が公共空間から丸見えのことを「陳述書」でも述べており、渋谷区の職員に話しました。つまり、住友不動産にとっては、この計画が四階建てより六階建てのほうが途方もなく（計算式を上げ）利益が上がるんです。これが、環境も景観も人格権も無視しているということです。これだけはお伝えしておきます。

部長　………。

竹居　長時間お邪魔しました。ありがとうございました（時計を見ると二時を過ぎていた）。

渋谷区都市整備部長と言えば、都市政策についての見識をもち、都市計画法と建築基準法に精通し、住民に自信と説得力をもって語らねばならないポストである。にもかかわらず、終始受け身の対応で、被害を受けている区民の声を冷静に聞こうとする態度が欠如しており、ただその場を逃げるのに懸命で、返答に詰まると「新任で分からない」とか「前任者のやったことです」と遁辞《とんじ》を弄《ろう》するだけであった。

裁判所の判決以前に、渋谷区都市整備部長が「すでに建物はでき上がっています」と口を滑らしたとしても、この一方的な予見と予断をもって臨んでいることこそが問題である。許認可を与える官・業の癒着、まさしく渋谷区の都市行政そのものであった。

しかし、この一時間に及ぶ面談の最後になって、「道路のことは申し訳ありません」と開発の根幹にかかわることを謝罪したことは重大であった。しかし、住友不動産が渋谷区に提出した開発申請書の「位置図」に、同区内に存在しない虚偽・架空の「渋谷区特別区道462号」を使用したことについては、「人間のやることで、処罰の対象ではありません」という言葉には驚くほかなかった。行政は、申請書類が法律や条例に適否しているかをチェックする機関である。道路名の照合を忘れ、一棟の建物を一〇棟の建物であるとした、区長の住友不動産に対する肩入れという事実が今日の結果となったわけである。

さらに、「開発完了検査マニュアルは存在しない」と公言するに至っては、海図のない航海、羅針盤も備えていない船の操舵と言ってよく、次項に示す渋谷区建築課調査係の手ぶらでの開発現場の通過風景はその典型となる。これが、渋谷区都市整備部の杜撰《ずさん》な開発完了検査、組織的な違法検査を隠蔽するための口述にすぎなかったことは間違いない。

筆者の部長に対する質問と疑問は日常的生活者の実感から出たものであるが、部長の対応は渋谷区の体面を保つためのものでしかなく、内容と形式の矛盾には答えられず、開発許可を出した者だけが知る「怯え」が透けて見えていた。

建築許可担当職員も、「住友不動産に伝えましょう」と言った

話は前後するが、二〇一一（平成二三）年一〇月二六日の「開発許可無効確認等請求控訴」は、東京高裁の「訴えの利益はない」で敗訴となった。「訴えの利益はない」というのは、行政訴訟

において司法エリートがつくり出した造語であって、法律による判決ではなく憲法による立法・行政・司法の三権の独立を否定するものであった。「すでに建物はでき上がっている」と、渋谷区都市計画部長さえ予断をもって使用しているほどである。

この判決を受ける以前から、渋谷区都市整備部建築課調査係を何回か訪ねて、「ラ・トゥール代官山」の完了検査に続いて行われた再工事は、区道432号、同463号、同464号、同465号沿いの工事であり、とりわけ区道465号の擁壁撤去、植栽帯などの形質変更工事、歩道状空地と区域内通路への門扉の設置は地域環境と景観が破壊されるものであった。とりわけ、個人として苦痛を強いられている現実を、開発許可を出した担当部署職員に視察してもらうことは次のためのステップとしてどうしても必要であった。

「職員は区民全体の奉仕者」の立場に立って、同社のマンション建設、完了検査後の無届による門扉の新設・擁壁の撤去・植栽帯などの変更工事と、それによる人権侵害の固定化について現場検証を申し出て、当日の午後に実施されることになった。渋谷区の開発許可が無謀であったことに気付いてもらうことになったのは、同年一二月七日のことである。

渋谷区建築課調査係の職員二人を筆者と妻は、開発地を一望できる区道465号の鶯谷緑地階段上で待機して丁重に迎えた。眼前中央を豁然《かつぜん》として南北に走る拡幅した区道464号があり、左側には完成したばかりの「ラ・トゥール代官山」の黒褐色の巨体が各層を直線に横切るワイドの窓で仕切られ、反射光が右側の低層住宅を直撃する光公害となっている。平常でも風は拡幅された直線道路を吹き抜け、勢力を増して擁壁を伝わり、吹上風となって区道465号沿いの住宅を襲うという現象は、このマンションが完成してからのものである。

筆者は、形質変更した擁壁撤去跡、改変された歩道状空地と植栽帯、防犯カメラ、さらに開発地内に凹んで食い込んだ歩道状空地と区域内通路で結ばれている鋼鉄製の門扉地点まで職員と移動し、そのまま筆者宅のリビング・ダイニングをのぞいてもらった。その間、渋谷区が自ら許可した建物であることを忘れたかのように、驚嘆しながらカメラのシャッターを切っていた職員の姿は滑稽ですらあった。

「ここが、私の基本的人権を侵害している部分です」と両人に伝えた。

両人は作業をひと段落させ、打ち合わせたうえで次のように話した。

「応急の処置として、ガラス窓の反射とベランダでの鉢植え、防犯カメラの撤去は住友不動産に伝えましょう」

この言葉に筆者は、職員が「ひどい」と実感したものだと受け取った。またそれは、職員自身が自ら許可した建物に脅威を受けている姿にも見えた。

「お忙しいなかをありがとうございました。この検証をやっていた

周辺の住宅を直撃する窓の反射光

だいただけで、ありがたいことでした」と妻ともどもお礼の挨拶をし、最後に提供道路上の低くえぐられた部分の効用について質問すると、「これはバリアフリー用のためです」と解説しくれた。

これが、当日の現地調査の一部始終である。そして、これによって渋谷区の開発担当者・都市整備部長・建築課担当者に加えて、住友不動産と西松建設の証言を引き出したことが次の段階に進む有力な武器となって、諸準備にとりかかることにした。

さて、現場調査後から一年が経過した二〇一三（平成二五）年一月、住友不動産に伝えると言ったことを確かめるために建築課調査係を訪ねた際、同職員が私の記憶違いに対して、「日誌記録」（「竹居に関する文書」Ａ４判五〜六ページ）を取り出して反論に利用したことに気付いた。つまり、渋谷区が私の個人的発言を記録し、所有していることになる。「本人の同意を得ない情報を一方的に記録・保存していることは人権侵害である」と抗議したうえで、執務中に作成した文書は公文書であるので公開を求めたが、拒否されてしまった。

ところで、先年の現場視察時に撮影した写真のあることを思い出し、何枚撮影したかは不明であるが、情報公開によってＡ４判用紙に四点ずつ取り込んだ一六枚の写真を入手することができた。職員の手によって撮影されたもので、再開工事における形質変更工事による擁壁撤去跡、植生帯の防犯カメラ、渋谷区道路標から開発地内に食い込んだ提供道路と渋谷区の道路標と門扉、その門扉前のフェンス越しにリビングが覗き見できる私的空間の写真こそ、筆者の人権侵害の訴えを代弁してくれる貴重なものであった。お陰で違法建築の反論の証拠として利用することができたわけだが、職員が言い出したワイドのガラス窓とベランダの植栽写真の比較はなかった。

このワイドの窓は近隣に知られない部分を映し出しており、日光の反射光、夜間の光の垂れ流し、そのほか公共空間に設置された防犯カメラが終始歩行者を狙っており、住民と通行人のプライバシーを侵害するものだった。

違法建築の行政訴訟で現場検証に出掛けた裁判官が、いざ検証を開始すると、原告代理人の指す違法の方向に最後まで顔を向けることなく、無言のまま反対方向を眺め続けて検証を終え、最終的に「違法はない」という判決を出したことは知られている。渋谷区建築課調査係の職員が、真正面の六階建ての違法建築と対面し、撮影していながら不都合なシーンは提供を怠り、一六枚のなかに入れなかったことは前記の裁判官と同じ手口であった。

公開されるべき情報が隠匿され、住民が不利益に苦しめられる手法は悪質であり、とうてい許されるものではない。

何か所も設置されている防犯カメラ

住友不動産の違法建築に対する、渋谷区の総ぐるみの加担を示すものであったと言える。

最後に、もう一つ付け加えておきたいことがある。住友不動産は同社所有地を提供し道路として建設したが、その道路に左右四〇センチ×天地八〇センチの「立入禁止（写真参照）」の表示板を立てている。同社は所有地を提供した見返りとして建築が認められているわけであるから、提供道路は渋谷区に帰属していることは明白である。それを忘れたかのように通行人の立ち入りを禁じているのだが、これは渋谷区の了解を得ているのだろうか。

公道である提供道路に「立ち入り禁止」の看板

第13章

再開発事業に名を借りた渋谷区区役所のまち壊し体質

桑原区長に代わってから、渋谷区のまちづくりの動きは活発の度を増していった。「ラ・トゥール代官山」の違法建築の実情について多くの枚数を割いてきたわけだが、ここでは、主に区内の再開発などについて記しておくことにする。

違法建築の塊と化した「ラ・トゥール代官山」だが、同じような違法テクニックはそのほかの再開発でも存分に発揮されている。なぜ、なんのために、区民の尊い税金を投じてきたのか？　渋谷区役所の体質そのものを投影したような、再開発の数々を精査していくことにする。

南側から見た渋谷区役所

地上げ屋と住友不動産がからんだ「(仮称) 南平台町企画」

桑原区長と住友不動産の癒着の流れのところで、南平台の地上げと地上げ業者による脱税事件、そして地上げした土地を住友不動産が四四二億円で買い取ったことは先に説明をしている。ここでは、その後日談をまとめておく。

「リーマンショックで一度中断しましたが再着工しました」は、二〇一〇(平成二二)年九月、住友不動産がインターネット上で紹介した「南平台ガーデンタワービル」の文章である。寒い季節だった。同社の「(仮称)渋谷鶯谷町計画」の最終説明会(二〇〇八年一月)が終わったころ、隣町の「(仮称)南平台町計画」の開発計画が道玄坂にある貸しビルで開かれるというので、同社の動向を知るために参加した。

国道246号の渋谷駅方向から続く旧山手通りと交差する神泉交差点の東南角地にある南平台町の一区画は、交通の要衝であるだけでなく商業地としても一等地であった。同社はすでに、道路を挟んだ目黒区地内に、旧日産生命ビルの跡地に「青葉台タワービル」を完成させていた。この地には、第二次世界大戦後の復興期に絹のハンカチを泥まみれにして外務大臣を務めた藤山愛一郎

「(仮称) 南平台町企画」の開発概要

住　　所	渋谷区南平台町16－17
敷地面積	8,056平方メートル
建築面積	33,727平方メートル
構　　造	鉄筋コンクリート
高　　さ	地下３階　地上24階　121メートル

(一八九七～一九八五) の関係会社である「日本金銭登録機」があったはずなので、どんな事情で同社は住友不動産に土地を売却したのだろうと興味があった。

余談だが、この会社の「ＮＣＲ」の略称である「Ｎ」は、ニッポンであるとともにナショナルの「Ｎ」を表すということで、長年にわたって松下電器産業が電気製品界を「ナショナルブランド」として牽引してきたところ、社名を「パナソニック」に改めたというのは有名な話であり、当時はかなりの話題を集めた。

さて、説明会場のひな壇に座っているのは、鶯谷町計画とほとんど同一メンバーと言ってもよく、買収などの部署とは別で、建築計画の発表から地元対策を担当するシステム化された組織であり、工事は西松建設が請け負うのだという。参加者は二〇人ほどで、開発の概要は上のようなものだった。

主な説明は部長補佐役を名乗る男性が仕切り、前面のスクリーンをレーザーポインターで指し示しながらのものであった。質問がビル風に及ぶと緊張した雰囲気が走ったが、同系列の「日本板硝子に風洞実験をしてもらう」と返答し、鶯谷町とは異なる返答をしていることに気付いた。その後、もう一度説明会に出席しようと思ったが、時間の無駄であるとして出席は取り止めた。

教育の中立性を欠いた公共空間の姑息《こそく》な私的濫用

この説明会から一年後、地上げ屋による巨額脱税事件が発覚した。新聞・テレビ・週刊誌でも大々的に報道されると、住友不動産は西松建設に命じて、構台上の建設機器の一切を引き上げて休工となったが、専門家によれば、鶯谷町の開発工事と同様、工事の中止さえ予測されるほどの重大事件となっている。

その後、九月の彼岸を過ぎる季節、再工事による躯体の立ち上げ工事が開始されると同時に、国道246号沿いのフエンスに開発事業の完成予想パネルが掲出され、旧山手通り側には、天地三メートル、横二〇メートル余りの、緑色で統一された公共広告が掲出された。

これは、緑色を基調とする「猿楽小学校金山交流」の写真パネルであったが、見直してみると、工事現場の学区内にある渋谷区立猿楽小学校の児童が、今から七〇余年前の太平洋戦争中、富山県射水市立金山小学校に疎開した縁から今日も相互の交流が続けられていることを紹介したものであった。地上げに関与した渋谷区と、地上げでこの地の再開発を行っている住友不動産とが共同して制作し、汚れたイメージを払拭《ふっしょく》するために仕掛けた大型パネル広告であった。

さて、このパネルの見出しは、本来であるならば「猿楽小学校金山小学校交流」とすべきところなのに、「小学校」の文字を欠落させていることにまず気付いた。そして、改めてパネル全体を眺めてみると、児童たちが動き回る写真と児童のアップ写真が飾られているだけであり、写真解説はなく、ニュース性に欠けていた。コピーも同様に交流の歴史を伝える回顧だけの文章で、写真とともに、見る人と読む人には感動が伝わってこないというものであった。

さらに、パネル中央の最上段に顔写真を大きく露出しているのは、渋谷区立猿楽小学校の現職校長の挨拶文と顔写真であった。同校長は渋谷区長から渋谷区教育委員会を通じて引き出されたと思われるが、「猿楽小学校金山交流」の美談を伝えられることを信じ込み、まさか渋谷区長と住友不動産の疑惑隠しに使用されているとは気付かずに、この人通り多い写真パネルの公共広告に登場したのだろう。渋谷区は、東京都、いやもっと上の権力者に言われるままに地上げ屋への売却を承認し、これが住友不動産への売却につながったのではないか。

この前代未聞の地上げ屋の巨額な脱税事件では、区長自らが手を貸して住友不動産への便宜供与を行ったという事実が裁判中に発覚している。連日にわたって繰り返して報道された脱税事件と渋谷区の関与に辟易した両者は、汚れたイメージの払拭するために、資料を渋谷区が提供し、住友不動産が建築中のフエンスを提供したものと思われる。

議会における答弁で区長は、「区議会に売却について報告したが、報道については知る立場にない」と述べている。しかし、このパネルから類推するならば、腐臭は止めようにも止まらないほど溢れており、その染みは拭っても消え去ることはなかった。そのうえ、前述したように、金山小学校を欠落させており、せっかくの思い付きも不純な動機から生まれたものであることがうかがえる。

このパネルの制作者は、児童らは七〇年経っても、往時を忘れれずに元気に交流を続けているというメッセージを発信しようとしているのだろうが、果たして、その目的を達しているであろうか。おそらく、登場人物たちの顔写真や談話も同校長が選別して提供したものだろうが、行政の企業への便宜供与による不祥事を隠蔽するために、教育の中立性を欠いて、住友不動産を援助するためにひと役買ったことは誰が見ても分かるものであった。また、区長のなりふり構わぬ行動は、のちに同校長を教育長にまで引き上げるといった褒賞でも明らかとなっている。

ところで、新聞やテレビの広告は、社会やそれを見る人々に対して新しい生活文化やそのあり方を提案するものであるが、これに対して公共広告は、商品の宣伝や企業イメージを抑制しながら、広告のもつ力を公共性に役立て、社会的な啓発を行うことを目的としてされるものである。街を歩いている際、工事現場の壁面に作業監督者が「ご迷惑をおかけして相済みません」と頭を下げている図をよく見掛けるが、これは交通誘導員を配置して頭を下げながらお詫びする代わりに、通行者に対して工事による迷惑をお詫びすると同時に、和ませる効果を目的とした見本である。

この二四階建ての「渋谷ガーデンタワービル」は、二〇〇九（平成二一）年に完成した。住友不動産は手を汚さずに、あり余る資金で瑕疵《かし》物件を手中にして、ビル事業でさらなる利潤を得ることになる。

さて、ちょうど南平台町の地上げが開始されて終結するまでの時期は二〇〇二年から二〇〇六（平成一六）年であったわけだが、その間、二〇〇五年には千駄ケ谷小学校の日照問題、地上げ屋による脱事件、さらに西松建設の「エバーグリーンパークホームズ」のあっせんがはじまった時期とも重なっている。これはただの偶然であったのだろうか。

筆者宅の近くから見る「渋谷ガーデンタワービル」（中央）

うぐいす住宅建て替えは共同名義ながら、その実態は鹿島建設

西松建設と渋谷区に翻弄され続け、ついには計画そのものが白紙になった「うぐいす住宅の建て替え計画」はどうなったのだろうか。第3章でも記したことだが、改めて整理をしておきたい。

当初、うぐいす住宅の土地一万平方メートルと西松建設が所有していた一万七〇〇〇平方メートルの土地を合算して大型開発が計画されたわけだが、当初の計画そのものが荒唐無稽であり、うぐいす住宅組合からすれば受け入れがたい内容であった。西松建設の不正政治献金問題が発覚し、計画は頓挫することになったわけだが、その計画は鹿島建設に引き継がれて、工事が正式にスタートすることになった。

「(仮称) うぐいす住宅建て替え計画」の概要は左ページの表の通りであった。

うぐいす住宅組合は鹿島建設との共同事業主として名を連ねているが、実質は鹿島建設が主導権を握り、隣接する住友不動産の「(仮称) 渋谷鶯谷町計画」を手本として、第二種低層住居専用地域での総合設計制度適用を受け、「渋谷駅周辺都市再生緊急整備地域」を無視して、渋谷区の指示を踏襲するだけでよかった。しかし、遺跡の発掘調査費、旧借家人の裁判での立ち退き料、中途で権利を放棄した組合員への権利保証の支払いなど、素人集団の事務的処理までの一切を鹿

「（仮称）うぐいす住宅建て替え計画」の概要

建築主	うぐいす住宅管理組合 鹿島建設株式会社
設計者／施工者	鹿島建設株式会社
敷地面積	11,300平方平方メートル
構　　造	コンクリート造
総戸数	148戸
棟　　数	６棟
階　　数	地上５階、地下３階
高　　さ	17.98メートル

島建設にそっくり依存することになった。

「（仮称）うぐいす住宅建て替え計画」の工事説明会は二〇〇八（平成二〇）年六月一三日に開かれ、筆者も近隣住民の一人として参加している。当日は、ちょうど住友不動産の都市計画法違反で工事現場は休工中であり、そこで以下の発言をした。

地下埋蔵物保存について発言要旨

私は渋谷区鶯谷町に住む者ですが、住居は工事現場の反対側です。みなさんは、隣接地の「エバーグリーンパークホームズ」の建設工事が、建築基準法、都市計画法違反で休工中であることをご存知でしょうか。

（会場粛然となる）

まず、鹿島建設さんにご質問いたしますが、御社にはコンプライアンス委員会がありますでしょうか。

（「あります」と、鹿島建設責任者の発言）

私は、鹿島建設といえば、歴史のある日本の代表的な建設会社であり、道路を造り、橋を架け、鉄道を敷き、ビルを建設して、日本の近代化に貢献してきた会社であることを知っています。それと同時に、鹿島守之助、渥美清、石川六郎などの名経営者が今日のこの会社を育て上げたことも知っています。

近年では、日本最初の超高層の霞ヶ関ビルを建設した先駆者であり、そして渋谷区でも、もっとも早く超高層ビル（渋谷クロスタワー）を建てたことも知っています。さらに御社は、幾多の労苦を重ねてこの地にあった「同潤会アパート」を建て替え、ランドマークタワーとして「代官山アドレス」を完成させたことも知っております。

しかし、このランドマークタワーは光の部分ばかりが喧伝され、影の部分があることは知らされておりません。それによって、周辺の住民の日照を奪い、景観を奪い、風害を起こし、旧住民同士の付き合いは崩壊し、同潤会アパート時代の入居者がほとんどいなくなったとも聞いております。これらについては、ぜひとも明らかにしてください。（「これは明確にします」鹿島の責任者）

さて、この地は第二種低層住居専用地域でありますが、御社の計画では、総合設計制度を利用して容積率二〇〇パーセント、高さ一八メートルのマンション計画となっていますが、総合設計制度は都心の繁華街とか狭隘な住宅街の道路や環境整備のためにつくられたものであり、この地にはそれを必要とする条件がありません。また、このマンションの所有形態は、自己所有者より法人所有者の割合が多いうえに、地震などにも耐えうる建築だとも聞いております。何にしても、節度ある計画を進めてください。

　何故なら、この開発地には「渋谷区鶯谷遺跡」があることをご存知であるはずですが、発掘調査をする共和開発株式会社のみなさんは、一九七一年に渋谷区が発行した『新修渋谷区史』をお読みでしょうか。（「読んでいない」、「しかし、学芸員が渋谷区の発掘報告書を調べている」と回答）。同書は渋谷区の正史ですから、それをお読みになって作業を進めてください。

　同書の「渋谷区鶯谷遺跡」の節には、以下のように記されています。

「鶯谷遺跡の発掘調査は、鉢山中学と乗泉寺境内を含む地域が対象で遺物包含状態はこの鶯谷町周辺が比較的密集しているのであるが、遺物の包含状態を知り得たのは僅かに本遺跡のみであった」、「住居もいくつか確認されていてその竪穴住居内には特に遺物が多量に包含されていた」、「これらの住居址の存在から推測すれば、明らかに代々木八幡遺跡に匹敵する規模と内容とをもった集落址であったことがわかるのである。正式の調査を下されないまま殆ど堙滅してしまったのは、極めて惜しまれる」

「堙滅《いんめつ》」とは、うずもれて消える、消え失せる、という意味です。

当時の発掘調査団は、鉢山中学校と乗泉寺を中心に調査しましたが、隣地を含む遺跡が存在することに気付かず、鶯谷遺跡は「殆ど堙滅されてしまった」と断定し、「極めて惜しまれる」と、その失われた無念さを行間ににじませています。

副都心・渋谷駅からおよそ七〇〇メートル、代官山からでも八〇〇メートルの住宅街であるこの街にある浄域・乗泉寺は、文化勲章の受章者である谷口吉郎先生の設計で、郵便局から八幡通りに抜ける途中には猿楽遺跡がある「遺跡通り」、鉢山中学校から幼稚園、猿楽小学校、第一商業高校がある文教地区は「学校通り」と呼ばれ、緑の環境に包まれた住宅街です。

マンション建て替え計画地の隣接地となる「エバーグリーンパークホームズ」では、昨年夏以来の遺跡発掘調査の結果、渋谷区、住友不動産、西松建設、発掘会社大成エンジニアリングも、「渋谷区でも一度の発掘としては、大きな遺跡」と認め、今から一万六〇〇〇年前の旧石器時代から、縄文・弥生時代の複合遺構と遺物が奇跡的にも良好な状態で発見されました。それは、失われた縄文時代の竪穴住居が七〇棟と土坑三〇基、弥生時代の竪穴住居二五棟など、その時代を反映した土器と石器やガラス玉が発掘され、一部が公開されました。

そのほかにも、夥しい土器類が整理箱三五〇箱以上に及び、渋谷区の史跡として指定されている「代々木八幡遺跡」をはるかに超える大複合遺跡群で、渋谷区の歴史を書き換えるほどであります。学者たちも、この遺跡は学術的・歴史的・文化的にも貴重な遺跡であると指摘されており、住居は何処にでも建てられるが、破壊された遺跡は戻らないこと、実物遺跡こそ歴史教育に役立つ、という声を上げられました。

しかし、渋谷区長以下の上層部と教育委員会、そして住友不動産は、渋谷区自身が「自然と文化とやすらぎのまち」を掲げる「渋谷憲章」をもちながら、破壊と開発優先の選択をしてしまいました。

さて、「エバーグリーンパークホームズ」と隣接し、「遺跡通り」に挟まれた位置にある計画地の一・二号棟間は、先に調査した住友不動産の東側の延長部分に当たり、極めて重要な遺構があると専門学者は推測しております。そこで、建て替え計画に関係する個人権利者と法人権利者、そして発掘業者に訴えたいと思います。

変貌する都市文明のなかで、この市街地に近い「遺跡通り」にある貴重な複合遺跡を取り壊してただの提供公園にすることに代えて、人類文化の足跡を辿れる遺跡公園に転換していただけないでしょうか。再び戻ることのない遺跡は、私《わたくし》のものではなく公《おおやけ》の財産であります。

文化遺産の継承と保存は現代人の担う重大な責務であり、掛け替えのない大事業であります。文化の破壊から受ける世間の非難よりも、私益を捨てて文化の保存に貢献する道は、間違いなく世論の絶大なる支持を得るとともに、遺跡のあるマンションとして付加価値も付けられるはずです。御社が先頭に立って、この文化遺産の擁護者としての役割を果たすならば、御社の信頼性は高まり、その社会的波及効果はかぎりのないものとなります。

終わりに、発掘作業を正確丁寧にされることは当然として、発掘後は広く公開されることを求めます。縄文・弥生人の恐怖を訴える声が聞こえてきます。どうか、彼らの助けを求める「叫び」に耳を傾けてください。開発計画の縮小と遺跡の保存にお力を貸してください。

この遺跡の発掘調査には、相当数の調査補助者を動員されるでしょうが、地元の学生や主婦、あるいは停年退職した男性をボランティアとして、学芸員の指導のもとで参加する方法をご提案いたします。これは生きた歴史教育の一環として大きい意味をもつものであり、企業と地元との好ましい連携、および企業の社会的責任・信用を高めることに間違いなくつながります。

ご清聴ありがとうございました。


その後、同社の担当責任者と二回にわたって計画の縮小、遺跡保存について話し合いが行われたが、計画の手直しはしないことが告げられ、中途で取り止めになった。それより、渋谷区の博物館長から電話がかかってきて、「発掘調査を終えたが、すでに団地建設の際に遺跡が破壊され尽くされており、ガラクタしか出土しなかったので、見学会は開催しない」という話だった。工期やかぎられた予算に追われているとはいえ、発掘調査の乱暴さはひどいものだった。

また、刊行された発掘報告書は貧弱な内容で、「遺跡には火災跡がある」と記されていたが、鶯谷遺跡と同様、地元の図書館にさえ収蔵されていないまま複合大遺跡群は地上から消え去った。

このような経過を経て、二〇一六（平成二三）年三月に六階建ての「億ション」六棟が誕生したが、住友不動産のものと比較すると、各棟はそれぞれ独立した建物となっている。しかし、区域内の配置図を見ると、建築者として「鹿島建設株式会社代表名」、管理者として「センチュリーフォーレスト管理組合・鹿島建設管理株式会社」の三社名があるのみで、建築主から「うぐいす住宅組合」は消えていた。

このように、申請時は組合との共同事業の形式を整えていながら、完成した「センチュリーフォーレスト」に入居できたのは、「初期の目的とは異なる」ひと握りの住民だけであった。

「センチュリーフォーレスト」の外観

うぐいす住宅における再開発の本来の目的は、「老朽化と災害への不安」から逃れ、自らの「終の棲家」を目指すことから出発したわけだが、借家人は裁判で追い出され、入居権をもつ人はその権利を売り払って転居するなど、うぐいす住宅の居住者におけるコミュニティは脆くも崩壊し、それぞれの道を探ることとなった。

しかし、鹿島建設は、代官山アドレス建設以来の利権の延長で、渋谷区長から瑕疵《かし》物件である「うぐいす住宅」の再開発を手中にし、完成まで漕ぎ着けることができたわけだから、渋谷区に対しては、感謝の気持ちでいっぱいであったことだろう。

また、渋谷区が公会堂と宮下公園のネーミングライツによる商業化路線に踏み切ったこと、その一方で公共空間の進出を目指す三井不動産の新しい方向を知るに至り、三井不動産と渋谷区役所を結び付けるなら、渋谷区から受けた恩義に報いられるだろうと考えても決して不自然なことではない。これが区庁舎と公会堂の建て替えにつながり、次いで宮下公園の建て替えにつながる工作となった。

三井不動産への丸投げによる渋谷区庁舎の建て替え

ＮＨＫ放送センター正面、渋谷公園通り沿いに立地する渋谷区役所と公会堂は、旧陸軍の衛戍《えいじゅ》監獄（刑務所）の跡地であったところに、一九六四（昭和三九）年、東京オリンピックの開催に際して建設されたものである。公会堂は重量挙げ競技の会場として使用され、回り舞台も名物となったが、二〇〇六（平成一八）年には「CCレモンホール」としてネーミングライツによって商業主義への道を歩むこととなった。

これは、渋谷区が掲げた、「広域渋谷圏」はにぎわいの街と結ばれながら、「谷を冷やす」、「緑・水を活かした谷空間の環境形成のモデルを構築し、日本の都市再生における環境整備の先導的役割を果たす」こととは矛盾するほどの衝撃を与えるものであったが、かねてから市場主義者であった桑原区長は手応え感じていたことだろう。

ところが、二〇一四（平成二六）年一月、渋谷区長はそれまでなんの前触れもないまま、突然、区庁舎と公会堂の建て替え計画を発表したのだ。その詳細は、旧区庁舎と公会堂の土地の三分の一を三井不動産レジデンスに七七年間貸し付け、渋谷区は土地の貸付料（当初は一五四億円）で庁舎と公会堂を建ててもらい、同社は借りた土地に三七階、一二〇メートル以上、五〇五戸の超高層分譲マンションを建てて利益を上げようとする計画である。この商業地域からはみ出したビル建設は、外周の環を新たに侵食するものであり、同社の超高層分譲マンションの出現を意味する。

庁舎の建て替えについては五回の説明会が行われている。「庁舎は建設以来五〇余年しか経過しておらず、十分な耐用年数を残しながらの建て替えは税金の無駄遣いそのものである」という住民の意見に対して、「すでに設計図はできている」、「抽象的な意見は聞けない」、「反対意見は見解の相違」であると、まったく聞く耳をもたず、ことごとく返答を拒否し続けて着工を急いだ。

現実に渋谷区は、同社に借地権を投げ売りしていながら、のちに「住民には丁寧な説明をした」と言い、正規な手続きに従ったものであると「アリバイづくり」の形式的なもので終わっている。

また、二〇二〇（令和二）年の「東京オリンピック・パラリンピック」の開催に向けて、都市基盤整備、競技場施設の建設費の高騰によって建て替え計画の見直しが求められていたが、区庁舎・公会堂建設にかかる権利金（建て替え費用）については一五四億円から二一一億円に変更し、同社の超高層マンションを三七階から三九階（一四三メートル）に変更するという重大なものとなった。しかし、この重要な変更については口頭で合意するといった安易なものであった。

完成間近の渋谷公会堂（2019年10月1日撮影）

そして、区長は、同社の資金計画、利益計画を明らかにしないどころか、借地料や事業の適否について、議会も区民も判断のしようのない専横ぶりであった。しかし、分譲マンションの第一期分一〇〇戸分だけでも一五〇億円を超える売り上げとなり、同社は、全体では借地料を遥かに上回る莫大な利益を得たことになる。

新区庁舎は、二〇〇七（平成一九）年一月に完成して業務を開始している。そして、「LINE CUBE SHIBUYA」と名称を変更した旧渋谷公会堂の「こけら落とし」は二〇一九（令和元）年一〇月一三日となり、分譲マンションの入居時期は二〇二一年一月の予定となっている。

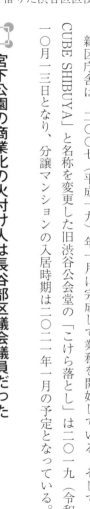

宮下公園の商業化の火付け人は長谷部区議会議員だった

ＪＲ山手線渋谷駅―原宿駅間の線路と明治通りに挟まれた細長い宮下公園は、並行する鉄道の築堤とほぼ同じ高さにもち上げられた人工地盤に整備されており、下層の一階部分は駐車場になっていた。この公園は、一九三〇（昭和五）年ごろ、東京市の都市計画による公園として現在地に開設されたものである。当時は、北側に隣接する「神宮通り公園」と同じく、道路と同じ高さであった。

先の東京オリンピックが開催された一九六四（昭和三九）年ごろに、渋谷川（穏田川）の暗渠化とともに公園を人工地盤によって高架化し、その下の地上部分には駐車場が設置されて、当時は「東京初の空中公園」として話題になったほどである。その後、二〇〇六（平成一八）年、宮下公園から一〇分ほどのところに、スポーツ用品メーカー「ナイキ・スポーツ」（本社・東京品川）のガラス張りの店舗がオープンした。そして、現長谷部健区長が区議会議員であった二〇〇九（平成二一）年八月、桑原区長に宮下公園を「ナイキ・ジャパン」にネーミングライツによって「ナイキ公園」とする命名権を提案し、年間一七〇〇万円で一〇年間譲渡するという協定を「ナイキ」と締結した。

二〇一〇（平成二二）年九月から、再整備のために公園を一時閉鎖したのち、翌年四月に再開している。再整備によって、「NIKE パーク」としてエレベーターが設置されるなどバリアフリー化もされている。また、有料のクライミング用ウォールやスケート場が新設されるとともに、人工芝二面のフットサル競技場も改修され、開園時間を毎日正午から午後一〇時半とし、深夜から午前中にかけては閉鎖される形態となった。

あまり世間に知られていないこのあたりの詳細は、『市場化される公共空間――ナイキに買収される渋谷・宮下公園』（雑誌『世界』二〇一一年二月号、岩波書店）に記事として掲載され、「ナイキ」については以下のように記録されている。

ナイキは、アメリカの小さな小売り商社に過ぎなかったが、急成長を遂げた背景は、ナイキの独特の経営戦略があり、それは自社工場を一切持たない世界初の衣料品ブランドとして知られ、デザインだけはアメリカ国内で行い、製造はすべて人件費の安い海外で行い、最も重視しているのは広告であり、プロのアスリートとロゴマークを前面に押し出すマーケッテング戦略を展開してきた。

こうしたビジネス手法について、カナダのジャーナリストであるオオミ・クラインは、「つくるのに五ドルしかかっていない靴を、一五〇ドルで売っている」と厳しく批判している。実際、「ナイキ」がプロゴルファーのタイガー・ウッズに支払っている年間のCM契約料は約二〇〇〇万（約二二億六〇〇〇万円）ドルに上り、アジアにおける労働者の二万人の人件費を上回っている。

製造の契約をしている工場は「スウェットショップ（搾取工場）」と呼ばれ、一九九〇年代にはフィリピンやインドネシアなどで労働争議が頻発したほか、とりわけ子どもを働かせている事実が明らかとなり、一九九七年には世界一三か国八五都市で「反ナイキ運動」が広がった。これらの事情を、長谷部区長は当時から知っているはずである。その後、この施設を通して、彼らが今日まで、区民、とりわけ若者にいったい何を伝えてきたのだろうか、と疑問が残ってしまう。

公園は三階屋上に、さらに一八階のホテルまで付け足した

そもそも「公園」という概念は、イギリス市民社会の成立と同時進行で形成されたものである。良好な環境を享受する権利やウォーキングなどの運動を行う権利が、市民のもつ当然の権利（市民権）として主張され、森林法と森林官が市民を遠ざけていた王侯の私的な狩猟園地（Park）を一般市民に開放したものが「公園（Public park）」のはじまりである。それに対して、この都市の中心にある市民のための公共公園を「発信力をもった公園」にするという計画は、「新たなトレンド、ライフスタイルの発信拠点」という商業化にほかならない。

一部に祭りの広場が整備されているとはいえ、本来都市公園とは、区民と来街者のための公共性をもった広場であり、都市の喧騒から隔離された「静謐」な空間として、誰にも干渉されることのない自由な場所でなければならない。すでに公共空間のあらゆる分野で市場化を進めていた前区長は、早速、それを取り入れて新区長に引き継いだ。その行為は、あたかも同社へ儲けを差し出すと言えるものだった。

宮下公園は、従来の空中公園と同じく「立体都市公園」として維持しながら、より明るく地域に開かれた公園として整備を行う。メインの公園のほか、二四三台が収容できる「新渋谷駐車場」

や、三階建ての「商業施設」、二〇〇室程度の「宿泊施設（ホテル）」などが複合する施設へと大胆な変身が計画された。そのほか、渋谷駅方面のアクセスを強化する歩行者ネットワークの形成や、地域の防災機能も高めるという。

建設費は新庁舎のスキームと同じく、渋谷区が同社と結んだ基本協定に基づいて公園の敷地の一部を三〇年間の定期借地権として三井不動産に貸し付け、同社が商業施設やホテルの建設を行う。これにより、「新宮下公園」の建設費に対する財政負担の軽減を見込むという。

工事中の宮下公園（2019年10月１日撮影）

行政の中立性を破って、区長は電鉄資本の広告塔になった

ところで、渋谷地域の野放図で無計画な膨張は、前区長の置き土産であることは言うまでもないが、渋谷駅付近を散策していた二〇一六（平成二八）年、元東急渋谷駅跡に新しく建ち上がった「渋谷ストリーム」の完成を控えたある日、工事中のビル壁面に区長が両手を腰に当て、「パ

リ・ロンドン・ニューヨークビルに肩を並べる街にしていきましょう！　渋谷区長　長谷部建」と、等身大の写真パネルが掲出されていたのには驚いた。現職の区長が、一私企業の宣伝を買って出ているのである。早速、それをカメラに取り込んだが、ここでの掲載は控えることにする。

渋谷区は、東京都の行政区の一つにすぎないのに、それを超えようとする行為は「厚かましく」、「図々しく」、「差し出がましく」、「思い上がり」と言えるものである。それはまた、ハロウィンや年末の騒乱を招く無節操な「イベント屋もどき」そのものである。

「渋谷駅周辺都市再生緊急整備地域」については、学識経験者、東京都、国交省、鉄道事業者を中心にして策定された文書であることを区民は知っているわけだが、「谷を冷やす周辺地域」との正常な関係を取り戻すほかに方策がないことも知っている。まさかこれが、渋谷駅周辺の商業地域におけるまちづくりの先導役を果たすための文書であり、区長が先頭に立って「旗振りをせよ」とは誰も思っていない。自らを安売りすることは、人間性の喪失につながる。区民にとっては災禍が降りかかってくることであり、渋谷区における観光行政とはこれでよいのであろうか。区民だけでなく、すべての人びとが考えるべきテーマである。

本章では、「再開発事業」の名のもとで渋谷区行政が行ってきた、一貫性のない場当たり的な「まち壊し」について縷々述べてきたわけだが、今でも「渋谷区中心地区・まちづくりガイドラ

「ラ・トゥール代官山」の物件概要

●所在地／東京都渋谷区鶯谷町13－1●交通／JR「渋谷」駅徒歩8分、東急東横線「代官山」駅徒歩8分●構造規模／鉄筋コンクリート造、地上7階・地下1階●総戸数／賃室戸数139戸（募集戸数1戸を含む）●竣工時期／2010年9月●間取り／2 Bedroom～5 Bedroom＋ゲストルーム●専有面積122.26㎡～500.38㎡●設計／株式会社日建設計●施工／西松建設株式会社●貸主／住友不動産株式会社（※以下略）

イン２００７」によって開発事業は現在進行中であり、いつ終わるのか分からない。そのまち壊し計画に組み込まれた一つが「ラ・トゥール代官山」だが、現在、どうなっているのかについてここで述べておきたい。

二〇一〇年に完成した「ラ・トゥール代官山」は、地域社会から完全に孤立し、周辺住民とのつながりを拒絶する「ゲーテッドマンション」として黒く異様な外観を見せながら佇んでいる。筆者は、その姿を毎日眺めながら暮らしている。

完成から今日まで、そして未来永劫、地域住民がその内部をうかがい知ることはできないだろう。しかし、唯一、内部をわずかに覗くことができる手段がある。それは、「ラ・トゥール代官山」のホームページ（https://www.sumitomo-latour.jp/latour-daikanyama/）である。そこに表記されている内容を、引用する形で表にしてまとめてみた。

高齢の私にとっては平方メートル表記がピント来ないので、一坪を三・三平方メートルして計算してみると、専有面積は最低で約四

入居者募集チラシに記載された月額賃借料など

●月額料金・1,090,000～5,310,000円（敷金４ヶ月、礼金０ヶ月、管理費込み）●契約形態／定期建物賃借（２年間）●駐車場／185台、月額使用料80,000円（税別）●バイク置場／18台、月額使用料10,000円（税別）●駐輪場／381台、月額使用料1,000円（税別）

〇坪、最大で約一五一坪になり、ベッドルームが二部屋から五部屋もあるから、各戸が豪邸そのものであると想像することができる。驚くのはこれだけではない。

ホームページには表記されていないが、二〇一〇年一二月二二日付で住友不動産が作成した入居募集用のチラシには概要以外にも月額賃借料なども掲載されていたので、参考までに抜粋して表にまとめておく。

筆者がこの入居募集のチラシを初めて手にしたとき、一戸の専有面積の広さよりも目を剥いたのが、月額一〇九万円～五三一万円に設定されていた賃借料だった。二年間契約に敷金をプラスすると、賃借料は総額で三〇五二万円～一億四八六八万円にもなる。さらに、月額使用料が八万円もする駐車場を利用するのは、いったいどのような高級車なのだろうか。

一般庶民にとっては気の遠くなるような途方もない金額で、そもそもこんな高額な賃借料を支払える入居者とはどんな人物なのか想像もつかなかったが、驚くべきことに、ホームページ（二〇二〇年一月現在）を詳しく見てみると、すべての部屋が埋まっているのか、「現在のこの建物には空き室がございません」と表示されていた。仄聞《そくぶん》するところによると、日本に進出した外国企業のトップ経営者用の住まいとして使われているようだが、日本人の入居者も少なからずいるようだ。

このような現実を目の当たりにすると、私は新たな怒りを禁じ得ない。閑静な住宅地に、突然、土足で踏み込み、再開発事業の名のもとで渋谷区役所が欺罔を駆使し、長く住み続けている住民の意見をことごとく無視し、地域社会を壟断しながら貴重な文化遺産である縄文遺跡を跡形もなく破壊し尽くしてきた違法マンション「ラ・トゥール代官山」がもたらしてきたものは何か、それは「まち壊し」だけでなく、地域の人と人のつながりをも分断する寒々しいばかりの私企業への利益誘導以外の何ものでもない。

明言できるのは、「ラ・トゥール代官山」は、住友不動産が浮利に走り、浮利を求めるためだけに造り上げたマンションであること、その一点である。「ラ・トゥール代官山」は、公共性のかけらもない渋谷区の悪しき再開発事業を象徴するシンボルそのものとして後世まで語り継がれることだろう。

筆者である私は、改めて渋谷区行政のみならず、広く社会に「再開発は誰のために?」と声を大にして問いたい。

終わりに――私たちは、まるでゲーテッド化した社会に生きているかのようだ

ゲーテッドマンション――その功罪

聞き慣れない「ゲーテッドマンション」という言葉を筆者が初めて知ったのは、「ラ・トゥール代官山」の建築計画がきっかけだった。早速、インターネットで調べてみると、その語源は一九世紀半ばの清国にまで遡り、外国人居留地の租界《そかい》がはじまりとされている。アヘン戦争後（一八四二年）に同じような居留地が清国国内に多数設けられ、行政自治権や治外法権が認められていた。

居留地の多くは、高い囲いがめぐらされており、入り口は頑丈な門が一つあるだけで、外国人のみならず自国民の出入りも厳しく制限されていた。外国人の保護と隔離を目的としながらも、自国民がいたずらに異国人と交流して外国の事情に通じたり、思想に染まることがないようにという、耳目《じもく》を集めることを防ぐことが本来の狙いであったと考えられる。日本でも、江戸時代の出島（長崎）や幕末の横浜外国人居留地がこれにあたる。

租界と外界をつなぐのは門のみである。そこから今日、「ゲーテッド」と呼称されるようになり、近年になって「ゲーテッドコミュニティ」とか「ゲーテッドタウン」と言われるような概念が誕

生したと考えられる。

租界と呼ばれていた時代と基本的な発想は同じであるが、どこが違うかと言えば、それは一つのコミュニティ、もしくはタウンに暮らす住民の自主防衛手段となったことである。貧富の差が激しい格差社会の国や多様な民族の集まる国、その代表とも言えるのがアメリカであるが、こうした国では、価値観を同じにする住民、また所得レベルを同じにする住民たちの生活上の安全を守るために集団で暮らすことになった。こうした生活層を対象にしたまちづくりを民間企業が開発して、入居者を募集するようになり、それが「ゲーテッドコミュニティ」とか「ゲーテッドタウン」として普及するようになったという。

社会を分断するゲーテッド思想

経済格差などによって生まれる犯罪や暴動から生命や財産を個々で守ることには限界がある。そこで、高い塀をめぐらし、頑丈なゲートをたった一つにして、監視カメラとガードマンで、住民以外の出入りを完全に管理することが「ゲーテッドコミュニティ」や「ゲーテッドタウン」の目的である。確かに、ゲーテッド化することによってコミュニティやタウンのなかでの安全は保障され、プライバシーの保護もされ、ライフスタイルや生活レベルが同じであることから暮らしやすく、満足度は高くなるであろう。また、さまざまな付加価値によって、コミュニティやタウンとしての資産評価が高くなるという「投資メリット」もあるとされている。

その一方、周辺のコミュニティとは一線を画し、ゲーテッド内と外を隔離し、住民以外を排除するという姿勢は地域社会の分断を生み出しているとも言える。万が一、大きな災害が起きた場合、日常的にゲートの外と内とで情報が交換されていないことなどが理由で、自助の枠を超えて共助の必要が生じるような事態になっても対応が思うように進まない恐れがある。

松尾芭蕉の有名な一句に、「秋深き隣は何をする人ぞ」があるが、これは深まる秋の寂しさ、侘びしさのなか、隣人に思いを馳せる秀句とされているが、このような風情感が望めなくなっている。それどころか、隣近所との付き合いが疎遠になった時代を映す言葉として誤用されるようになっていると言える。

この句を借りるなら、門一つで外界と断絶する「ゲーテッドコミュニティ」や「ゲーテッドタウン」こそ、まさに「塀高き隣は何をする人ぞ」となろう。こうした、自己の安全とプライバシーを強固に守るために生まれた発想が、実は現代アメリカ社会の分断の象徴ともなっている。

このような発想が形を変えて導入されたのが、「ラ・トゥール代官山」のようなゲーテッドマンションである。地域の約束事や不文律を守り、近所付き合いを大切にしてきた筆者が寡聞にして知らなかっただけで、世間ではこの手のマンションが今や標準になりつつあり、「隣は何をする人ぞ」こそが今日の進んだ生活形式、いやライフスタイルとなっているらしい。

「ラ・トゥール代官山」の入り口にはガードマンがおり、来客を一人ひとりチェックしている。さらに、監視カメラが二四時間見張っていている。確かに、そびえ立つ塀で囲まれたなかでの生活は安全このうえないだろう。だが、ゲートの外にいる私たちには、内側の様子をまったくうかがい知ることができない。ゲーテッド化されたコミュニティにとっては無関係なのかもしれないが、万が一災害が起きたとき、否応なしにこの狭隘な道路に大型の消防車や救急車がひしめくことになり、周辺のコミュニティにとっては大問題となる。

普段からお互いに隣人の家族構成や生活ぶりなどを知悉《ちしつ》している地域住民であれば、名前を呼び合って安否を確認することもで

ガードマンと監視カメラによって守られている「ラ・トゥール代官山」の入り口

きるが、ゲーテッドマンションの住民とはどのように向き合えばいいのだろうか。コミュニティとは小さな枠のなかの付き合いのように見えるが、大きな災害時にはより広いつながりが必要になり、小さなコミュニティのなかですべてを完結することはできない。ガス、水道のインフラが機能停止し、電気まで失うことになれば、ゲーテッドの内も外も関係なく、コミュニティは一つにならざるをえないのだ。

「共助」とは、それぞれのコミュニティが日常生活で相互につながり合い、気心のつながりがあって初めてかなうものであるという心構えが日頃から求められる。私たちは、相隣関係《そうりんかんけい》という、目に見えないつながりを意識的、無意識的に形成して、日常生活を営んでいることを忘れてはならない。

住民にとって手強いゲーテッドは渋谷区役所だった

筆者宅の日常風景は、「エバーグリーンパークホームズ」時代の広々とした開放感と季節の変化、そして何ものにも代えがたい大きな空から、ゲーテッドマンションにめぐらされた塀と向き合う、閉鎖的で視野が狭く、陽差しの届かない陰鬱な風景に変わってしまった。高い塀にめぐらされて、なかの生活を知ることのできないマンションを眺めていたとき、ふと同じことを経験してきたことに気付いた。

そう、住友不動産の違法建築について足繁く通った、区民唯一の相談先である渋谷区役所だ。区役所の建物には、塀もなければ入り口に鍵もかかっていない。しかし、目には見えない門と錠があり、そこを開けることが至難であったことを思い出した。

企業優先、住民排除、渋谷区役所の対応は、まさに筆者にとってはゲーテッドマンションそのものであった。法を遵守しないデベロッパーへの指導を要請しても「門前払い」となるその門は、見えないだけになおさら開けることが難しい。

「門前払い」とは、面会者ときちんと向き合って話し合うこともなく、門前で払いのけるように帰らせることである。筆者が住友不動産の社員に質問したときもまともに取り合うことがなかったし、区役所に問題解決を再三再四願い出たときも、ほとんどすべてはぐらかされて、事実上、門前払いをされた。

その門の向こうでどのような協議がされたのかについては、情報開示要求で知ることができただけで、開示で得た情報に疑問があったときも、その疑問にきちんと答えてもらったことはない。それほど、企業も役所もゲーテッド化している。内部情報は知らせる必要がない、ただ黙っていうことをきかせればいい――「よらしむべし、しらしむべからず」とは、役所の権益を守るための見えない門と塀に囲まれたゲーテッドそのものではないだろうか。

目の前にある「ラ・トゥール代官山」を眺めているうちに筆者は、現在の私たちを取り巻く社会における「ゲーテッド現象」のシンボルのように思えてきた。民間デベロッパーが建築したゲーテッドマンションとは異なり、役所は納税者によって運営されている公共機関である。その納税者である住民の疑問に何一つ答えようとせず、門前払いをすることがなぜ許されるのだろうか。公務員とはすべての国民への奉仕者であり、法の前に国民は平等であるにもかかわらず、なぜこれほどの不公平がまかり通るのだろうか。

現代社会を蝕むゲーテッド現象

森友、加計問題における文書の改竄・隠蔽はどうだろうか。シリアに派遣された自衛隊の日記改竄・隠蔽はどうなのか。「桜を見る会」はどうなのか。目には見えないが、官庁という高い塀の向こうで何が起きており、問題がどのように処理されたのかまったくうかがい知ることのできない現実の数々、これぞまさにステルス状態のゲーテッド現象である。コミュニティの断絶というレベルではなく、国民の知る権利を完全に排除しており、許しがたい「悪質なゲーテッドだ」と言える。

目を広く社会に転じれば、ゲーテッド現象はまだまだある。

渋谷区のある地域で起きた、児童相談所設置に地域住民が反対した件。反対住民が発する「児童相談所に来る家庭は、この地域に住んでは不幸になります」とか「高いお金を払って引っ越してきたのに、土地の価格が下がったらどうするのか」などという言葉を、愕然とした気持ちで受け止めたのは筆者一人ではあるまい。

保育園の子どもの声がうるさいから建設を反対する高齢者の集団。ＳＮＳの世界で飛び交う異なる意見に、論理的に反論するのではなく下品な言葉で罵り、罵倒し、蔑む人たち。自分の所属するゲーテッド化したグループ内では何を言っても怖くないという集団。汚い言葉や下品な表現で相手を貶める某作家といい、とても言葉を重んじる仕事をしているとは思えない人物もいる。ここまで人間の品性を下げても恥じないのは、ゲーテッド化された同じ価値観のコミュニティに居座っているからではないだろうか。

ＳＮＳの世界は、仮想のゲーテッドマンションと同じで、そのなかではどんなことを発言しても守られているという根拠のない安心感があり、それが犯罪とも言えるヘイトスピーチにつながっていく。自分の集団の権益を守るために他者を否定し、排除しようとする発想を知るにつけ、とっくの昔から日本ではゲーテッド現象が社会を蝕み、あちらこちらに病巣が根を張っていると感じてしまう。

近所との付き合いを欠かさなかった筆者は、この醜悪なゲーテッドマンション「ラ・トゥール代官山」が建設されるまで、これほど現代社会が病んでいることに不用意にも気付かなかった。同じ間違いを繰り返してはならない。「コミュニティ」という言葉の意味とあり方を私たちが改めて再考しなければならない時期に来ている。

いつから日本は、誇りも品性も失ってしまったのか。
いつから日本は、人を傷つけて痛みを感じなくなったのか。
いつから日本は、暗澹《あんたん》とするような言葉を吐き出すようになったのか
いつから日本は、人を思いやる気持ちを捨て去ってしまったのか。
いつから日本は……。
いつから日本は……。

鼎談　違法建築物「ラ・トゥール代官山」――違法性を徹底分析し、明らかにするために

出席者　戸谷　英世（NPO法人住宅生産性研究会理事長）
　武内　更一（弁護士）
　竹居　治彦（ラ・トゥール代官山に隣接する被害住民）
　末吉　正三（司会・景観市民ネット）

司会　この鼎談の主旨は、渋谷区鶯谷町に建設された「ラ・トゥール代官山」のどこが違法なのか、また違法であるにもかかわらず、なぜ建物が建てられてしまったのかを明らかにすることにあります。お話しいただくのは、かつて旧建設省住宅局建築指導課に勤務され、一級建築士でもあり、都市計画法、建築基準法の専門家である「NPO法人住宅生産性研究会」の戸谷理事長（著書に『アメリカの家・日本の家』井上書院、一九九一年など）と、「ラ・トゥール代官山」の違法建築について、被害住民の竹居さんの訴訟にかかわった武内弁護士（虎ノ門合同法律事務所・東京弁護士会所属）、そして「ラ・トゥール代官山」の計画段階から完成までの一部始終を本書にまとめられた竹居さんとなります。みなさん、よろしくお願いします。

建てられないはずの土地になぜ巨大マンションが建てられたのか

竹居　ことの顛末は、本書をお読みいただければお分かりいただけると思いますが、何といっても私は法律についてはまったくの素人ですから、あのような巨大マンションが私の住む鷲谷町になぜ建ったのか、正直なところ、今になっても理解に苦しんでいます。

司会　もっとも理解できない点となると、どこになりますか？

竹居　本書で繰り返し書きましたが、鷲谷町は第二種低層住居専用地域で、容積率は六〇パーセント、建築物の高さは一二メートルに制限されています。しかし、「ラ・トゥール代官山」は、計画段階から容積率は二〇〇パーセントであり、高さは約一八メートルとなっておりました。

司会　周辺住宅は、この規制を守ってこられたわけですね。

竹居　そうです。鷲谷町は起伏に富んだ地形です。また、古くは農業が盛んだったこともあって、狭隘な生活道路が複雑に入り組んでいます。

竹居治彦

そんな環境ということもあって大きな建物が建てにくく、昔から戸建て住宅が中心の街でした。

司　会　私も現地を見てきたのですが、完成している「ラ・トゥール代官山」はカタカナの「ロ」の字型で、そこを囲むように戸建て住宅が建ち並んでいます。その威圧的な大きさとともに、外観は巨大タンカーが陸に上がったかのような異様さです。元々の土地は公園のように広くて、外国人向けの家が二五戸ほど建っていましたよね。その広い土地を取り巻くように住んでいたみなさんにとっては、生活環境も風景も激変してしまったことになります。都市計画法と建築基準法の専門家である戸谷さん、なぜこのような建築物が建ってしまったのか、その点について分かりやすく教えていただけますか。

戸　谷　都市計画法と建築基準法をきちんと守っていたら、あのような建築物が建つことはありません。結論から先に言いますと、二つの法律に定められたルールを骨抜きにして、本来なら建てられない建築物を建てられるようにしてしまったということです。

司　会　都市計画法と建築基準法は、建築物を建てるときの、言ってみれば憲法のような存在ですよね。

戸　谷　そうです。しかし昨今は、日本国憲法ですら、改憲するかどうか決まっていない段階で安保法制を閣議決定するなど、既成事実を先につくってしまうような時代です。この場合においても、都市計画法と建築基準法が、建てたい開発業者と許認可権をもつ行政にとって都合の悪いことが多かったため、その都合の悪い部分を骨抜きにして使いやすいようにしてしまったということになります。

司　会　どうして使いやすくする必要があったのでしょうか？

都市計画法と建築基準法を骨抜きにした背景

戸　谷　都市計画法と建築基準法についてはのちほど詳しく説明するとして、どうして骨抜きが行われるようになったのか、その結果、なぜ「ラ・トゥール代官山」が建築されてしまったのか、その背景についてまずお話ししておきます。

戸谷英世

司　会　その背景とは、どのようなことなのでしょうか？

戸　谷　発端となるのは、一九九〇年のバブル経済の崩壊（二七六ページの**解説1**を参照）です。バブル崩壊で地価が大暴落して、不動産企業はもちろん、融資していた金融機関も莫大な不良資産を抱えることになりました。この救済のために制定されたのが「都市再生緊急措置法」（二七七ページの**解説2**を参照）でした。都市再生といっても、ただ名を借りているにすぎず、事実上の不動産企業、金融機関救済法ですが、この措置法によって、地価をバブル経済崩壊前に戻すために規制緩和が行われたわけです。それが、小泉内閣によるいわゆる「聖域なき構造改革」です。

司　会　構造改革によってさまざまな規制緩和が断行されたことは私も知っています。それにしても、バブル経済崩壊前に地価を戻す規制緩和とは、いったいどのような手法だったのでしょうか？

戸　谷　都市計画法で決められた土地利用計画の容積率を緩和して四倍近くに引き上げ、同時に建築物の高さ制限を撤廃することでした。その結果、バブルで下落した土地の評価が四倍になるわけですから、不動産企業と金融機関にとっては資産価値がそれだけ上がるという理屈になります。

司　会　そうはいっても、都市計画法と建築基準法はそんなに簡単に改正できるのでしょうか？

戸　谷　おっしゃる通りです。都市計画法と建築基準法を改正するためには時間がかかります。そこで政府が考え出したのが「総合設計制度」という新しい制度です。

総合設計制度とは、いったいどのような制度なのか

竹　居　私も、「うぐいす住宅建て替え計画」と「（仮称）渋谷鶯谷町計画」の説明会で初めて耳

にしたのが「総合設計制度」でした。そのとき、第二種低層住居専用地域でも「総合設計制度」を適用すれば容積率も高さも緩和されて大型マンションでも建てられることを知って、驚くことよりも戸惑いのほうが大きかったことをよく覚えています。

戸谷　住民である竹居さんが戸惑うのも当然です。なぜかというと、当初「総合設計制度」は、主として都心部の土地を有効利用することを目的として、公開空地（誰でも自由に往来できる道路や公園など）を設けることを条件に容積率を緩和して、高層マンションやビルの建設を認めるといった内容でした。それが次第に、容積率を引き上げることと高さ制限の撤廃が一人歩きして、都心部だけでなく住宅地へと拡大していったのです。そして、本来なら高層マンションを建てることのできないはずである第二種低層住居専用地域にも適用されるようになり、「ラ・トゥール代官山」が建ってしまったのです。

司会　新しくつくられたとはいえ、「総合設計制度」も都市計画法と建築基準法の上に成り立っている制度だと思いますので、ここで改めて、都市計画法と建築基準法について分かりやすく解説していただけますか。

戸谷　私は一九六二（昭和三七）年に建設省（現国土交通省）に入省し、住宅、建築、都市行政に携わり、その間、一九六八（昭和四三）年に「都市計画法」の制定とその姉妹法と言われる「建築基準法」の改訂にかかわっています。その経験を踏まえて、まず都市計画法から説明します。
この法律は、世界でもっとも都市計画が進んでいると言われたイギリスの都市計画法を下敷きにしてつくられています。すぐれた都市計画を実現するために、二つの思想が掲げられて立法化されました。

司会　二つの思想とは、どのようなものだったのでしょうか？

戸谷　一つが高い「都市施設計画水準」(注1)で、もう一つが「都市計画高権」です。

司会　都市施設計画水準はなんとなく理解できますが、「都市計画高権」とは聞き慣れない言葉ですね。

戸谷　都市計画を実現するためには、まず道路、公園、下水道という都市施設、いわゆるインフラの整備を先行すべきとして、それぞれ水準が決められました。なかでも、道路については、建築物を建てる計画地が幅員《ふくいん》六メートル以上の道路に接続していることとする高い水準が設けられました。一方の「都市計画高権」(注2)とはどういうことかと言いますと、たとえ都市施設の計画水準が高くても国が責任をもって道路などの施設を整備するという「国家の責務と覚悟」を示したものです。つまり、計画高権があってこその計画水準ということになります。

(注1)「都市施設計画水準」とは都市計画法第33条「開発許可の基準」のことを指します。

竹　居　ところが、「ラ・トゥール代官山」の土地に接続する道路は、その計画水準を満たしていなかったのにもかかわらず工事が強行されてしまいました。

都市計画高権を行使していない東京都

戸　谷　そこがもっとも大きな問題で、東京都が「都市計画高権」を行使せず、計画水準にあった都市施設の整備予算が検討されず、道路整備に東京都が手をつけないまま今日に至っていることが「ラ・トゥール代官山」のような違法建築物を生み出したと言えます。よく言われることですが、「仏（都市計画法）をつくって魂（都市計画高権）入れず」の典型的な例で、この場合の「魂」とは、「都市計画法第33条に定めた都市施設整備＝幅員六メートルの道路整備」のこととなります。行政による計画高権の行使が果たされないまま建物の建築ができるようにしてしまったところに根本的な問題があります。

竹　居　私は武内弁護士の力をお借りして、こうした違法行為を根拠に、東京地裁に何度も建築取り消しの行政訴訟を行ったのですが、すべて門前払いにされてしまいました。

武　内　訴訟について具体的にお話しするには、時間がいくらあっても足りません。ただ、すべての訴訟において共通していたことですが、裁判官が都市計画法と建築基準法についてほとんど理解していないことに大変驚きました。ですから、訴訟に臨むときには、その都度、都市計画法と建築基準法のイロハからはじめて、そのうえで「ラ・トゥール代官山」の違法性を指摘する必要がありました。

司　会　門前払いとは、どういうことなのでしょうか？

武　内　建築物の違法性については判断せず、訴訟の手続的要件の部分で、訴えを不適法として「却下」するという判決をすることです。原告は建築物の違法性を指摘しているわけですから、「違法ではない」もしくは「違法である」という判断を下すのが裁判官の役割です。にもかか

武内更一

（注２）　都市計画高権とは「都市計画決定された計画は、国家権力が実現を担保する」という意味で、それ以前のわが国の都市計画法も同じスタンスです。しかし、都市計画法立法作業時点で、開発許可の基準が高く定められてその実現は不可能と指摘されたとき、都市計画家は「都市計画高権」という言葉を持ち出し、英国の都市農村計画法をモデルにした都市計画法であるので、「開発許可の基準」が実現不可能のように思えても、計画高権に裏付けられているから実現できる、と説明して都市計画法第33条が実現不可能な基準であるという指摘にこたえようとしませんでした。その理不尽な立法と不当な説明が、違法な都市計画法立法の原因となっています。

わらず、裁判所は原告からの提出証拠を無視して、違法なマンション建設を許した行政の判断を正当化してきました。

司　会　「ラ・トゥール代官山」の場合、計画した建物がそもそも第二種低層住居専用地域で、容積率も高さもそれに違反しているのですから、素人目には違法としか思えないのですが、なぜ明確な判断を避けるのでしょうか?

武　内　恐らく、このような違法建築物はこれまでにも多数建てられてきたわけです。その都度、その違法性をスルーしてきたため、「ラ・トゥール代官山」を違法であるとしたら、ほかの同じような建築物もすべて違法ということになりかねません。裁判所としても、社会混乱が起きることを恐れたのではないかと思われます。

戸　谷　「司法の消極性」という言葉をよく耳にしますが、言ってみれば「聖域なき構造改革」に裁判所も逆らえないということです。こんなことがありました。同じような違法建築物の取り消し訴訟があって、地裁で原告住民が勝訴したものの、高裁では原告が逆転敗訴し、最高裁において最終的には「原告敗訴」が決まったのです。

こうしたケースはよくあることですが、その後、住民勝訴の判決を下した地裁の裁判官が地方に左遷されたという話を耳にしています。このような噂を聞いたのは、一回や二回ではありません。裁判官も役人ですから、これでは政府の方針に忖度《そんたく》せざるを得なくなるでしょう。日本の三権分立は名ばかりで、今は司法と行政が一つになっており、「二権分立」といっても言い過ぎではないでしょう。

都市計画法と姉妹法の建築基準法について

司　会　話を戻しますが、都市計画法の「姉妹法」と言っておられた建築基準法との関係はどうなのでしょうか?

戸　谷　それは、都市計画法が「姉」で、建築基準法が「妹」という関係になります。つまり、先ほども説明しましたが、高く設定された都市施設計画水準をクリアした土台があって、初めてそこにさまざまな建築物などが建てられるという流れになります。基本的に、その逆はありません。そして、建築物を建てようとするときには、土地と建物の両方において、それぞれ開発許可と建築確認が必要になります。

司　会　都市計画法と建築基準法、それぞれにハードルがあるということですね。

末吉正三

戸　谷　そうです。まず、都市計画法に定めてられているのが「開発許可」です。開発許可とは、建築を計画する土地について形質変更（一定の深さまで土地を掘り下げたりすること）が必要な場合、都道府県の知事に許可を申請するということです。開発業者は、開発許可が行われて初めて土地を改変することができるのです。

開発許可通りに工事が行われたことを検査機関が確認し、それを完了公告（一般に広く知らせること）します。この完了公告を受けて、次に必要となるのが建築基準法に定められている「建築確認」です。建築確認が行われて、やっと建築工事をはじめることができます。そして、建物の工事が終了すると、同じく検査機関の検査を受けます。それにパスして、完了公告がされて、初めて建物は正式に完成したことになります。

司　会　つまり、都市計画法の開発許可は、建物を建てる地盤整備をするためにあり、建築基準法の建築確認とは建物を建てるためにあるということですね。

戸　谷　そういうことです。ここで重要なのは、都市計画法では「開発許可権限」が都道府県知事にあると定められていることです。それだけ、重い権限であるということです。

竹　居　しかし、どう考えても理解できないのですが、「ラ・トゥール代官山」の場合は、開発許可を渋谷区が行ってしまっているです。

司　会　本来、東京都知事にあるはずの開発許可権限が、なぜ渋谷区にあるのですか？

戸　谷　本来あり得ないことですが、以下のような極めて身勝手な解釈を根拠に、東京都知事しかもつことのできない「開発許可権限」を二十三の特別区に移管してしまったのです。どういう解釈かというと、都条例で「東京都知事の事務を特別区に代行させる」ことを「地方自治法第281条の２」（二七八ページの**解説3**を参照）を根拠として制定しました。ここまでは何も問題ないのですが、その後、都条例の条文に違反して、都条例細則において「都知事の開発許可権限を特別区長に移管する」としてしまったところが大問題なわけです。たとえ特別区長に事務を代行させることが第281条の2を根拠にできたとしても、都市計画法で排他的（他者を認めないこと）に定め、都知事に付与された開発許可権限を、地方自治法を根拠に特別区長に移管することはできません。

司　会　そんな大きな権限を移管された特別区で、正しく権限を行使できるものでしょうか？

戸　谷　特別区長に開発許可の権限を移管する際、「開発許可の手引き」を配付して特別区に開発許可を押しつけた形になっています。

東京都の「開発許可の手引き」の驚くべき狙い

司　会　「開発許可の手引き」の狙いはどこにあるのでしょうか？

戸　谷　これは、違法な開発許可を行わせるための行政指導書のようなものです。そこに、開発許可権限を移管した真の狙いがあります。繰り返しになりますが、東京都は都市計画高権を行使してこなかったので、都市計画法に対応できるだけの都市施設整備がまったく不十分のままです。このまま開発許可権を行使すると違法になってしまうため、それによって生じる責任を回避するために、自ら行使したくない「違法な開発許可」を特別区に丸投げしたものと考えられます。この違法状況に便乗する形で、東京都の多くの開発業者は、都市計画法、建築基準法違反の総合設計制度（二七八ページの**解説4**を参照）による開発を堂々と進めるようになったわけです。

竹居　総合設計制度を早く実行に移すために、小泉構造改革では「小さな政府」を公約に掲げて、官から民へ、国から地方自治体へと業務の移管に取り組みました。開発許可権限を都から特別区へというのもその流れだと思います。同時に、本来は公的検査機関が行っていた開発許可や建築確認の検査についても、民間検査機関に移管するようになりました。

戸谷　公的検査機関での検査は厳しく、時間もかかりますが、それなりに開発業者にプレッシャーを与えるという効果がありました。しかし、民間検査機関に移管したことで、違法建築物が増えるといったさまざまな弊害を生み出しています。とくに、開発許可や建築確認の検査を手早く処理すればするほど開発業者にとっては助かるので、そういう検査機関には審査依頼の仕事が増えることになります。その結果、あの手この手でチェックがゆるくなります。しかも、最終的な開発許可権限が特別区に移管されているので、民間検査機関も、当然ながらそちらに顔を向けて仕事をするようになります。

司　会　住民である竹居さんも民間検査機関の違法行為を東京都の建築審査会に訴えましたが、そちらも同じように門前払いをされていますね。結局、こうした問題の責任は誰が取ることになるのでしょうか？

戸　谷　そこも大きな問題です。許可権限のない渋谷区が不正に開発許可を行っていると住民が訴えたとしても、都市計画法では開発許可権限は知事にあるとされているのですから、特別区長を開発審査会に対して不服申し立てをすることができません。ところが、東京都は不服審査請求を受け付けて、そこでの裁決を正しい処分としています。開発審査会の委員も都庁のＯＢが占めているので、出される判断は行政寄りにしかならないのです。

司　会　それでは、「ラ・トゥール代官山」の違法性を訴えても、住民を救済することはまったくできないというわけですね。

武　内　残念ながら、今は法的にはなかなか扉をこじ開けることが難しいと言わざるをえません。都市計画法の開発許可権限が特別区に移管されたうえに、総合設計制度も特別区の判断で適用できるようになっていますから。特別区の権限が、それだけ強くなっていると言えます。

「開発許可の手引き」に示された開発許可不要の手口

司　会　本書のなかで、都市計画法で定められた「開発工事完了届」を、建物が建ってしまってから提出したということが書かれていました。地盤整備ができたことを確認してからその上に建物を造るという手順を踏むことからすると、建物が建ってしまってから土台は大丈夫かと確認する「泥縄式」のようなものだと思うのですが、これで建物の安全は担保されるのでしょうか？

戸　谷　おさらいになりますが、建築物の地盤整備を「開発行為」と呼び、土地の形状と形質変更が必要な場合、開発許可の申請が必要になります。「ラ・トゥール代官山」の場合は、土地を掘り返すなど形状、形質変更にあたるので、当然、開発許可が必要とされる要件を満たしています。ただし、開発行為が伴わない建築物については、建築基準法の「建築確認」によって建物と土地の安全確認を行うとされています。（二七九ページの**解説5**を参照）

この論理を逆手に使うと、建築確認さえ行えば、結果的に地盤の安全審査は建築確認で行われるという理屈になります。この理屈を使って開発許可を不要とする手口が「開発許可の手引き」に示されているのですから、これはもう防ぎようがありません。

司　会　なるほど、開発許可の手間と時間を省く悪知恵というわけですか。

戸谷　確かに、時間と手間を省くことはできますが、もっと大きな問題が隠されていることに気付きませんか。「ラ・トゥール代官山」の建築計画では、「開発許可の基準」に適合した道路に接続していません。ですから、都市計画法の開発許可は回避したいわけですが、それでも開発許可を行わないわけにはいきません。その矛盾に何とか対応しようと、開発許可をしないで建築確認をするという、次のような二つの方法が考え出されることになりました。

①開発許可を申請させておきながら、開発許可の完了公告をさせないで、都市計画法違反の行政指導で「開発許可不要」とする方法で建築確認を容認する。

②開発許可権者が行政指導で「開発許可不要の許可」を行い、開発許可をしないで建築確認を行う。

いずれの方法も、「開発許可の基準」に適合する道路が整備されていないことが原因で建物が建てられないという場合に編み出された方法です。

司会　「ラ・トゥール代官山」では、開発許可の申請をさせ、検査をして完了公告を行っていますので、戸谷さんが指摘されたどちらにも該当しないことになりますね。

竹居　本書で「神業のような違法行為」と書いたように、建物竣工の一週間前（八月二三日）に開発工事完了届を受け付け、翌二四日に検査して、二六日には完了公告を出し、その後、いつかは不明ですが、住友不動産が建築確認申請をして、同じく建築工事完了公告を出しています。つまり、一週間であの巨大な建物を建ててしまったことになります。

戸谷　私にとっても、これは想定外の違法行為でした。どちらかと言えば、開発許可を必要としないケースを悪用したような手法です。いずれにしても、開発許可権限を特別区に移管し、さらに総合設計制度を特別区で適用できるようにしたことによる弊害としか言いようがありません。

司会　聖域なき構造改革ではなくて、「聖域なき違法行為」と言い換えたほうがいいかもしれません。こうした違法行為は、建物が建ったあとでも裁判所に訴えることができると思いますが、どうなのでしょうか？

武内　当初、建築工事中に竹居さんの依頼で、建築確認機関を被告として建築確認の取り消しを求める訴訟を起こしました。しかし、裁判中に建築物が完成してしまったため、裁判所は、「すでに建物が建った」から「訴えの利益を」（訴訟を起こす実益）が失われたという理由で訴えを「却下」しました。しかし、たとえ建物が建っても違法であることに変わりはありません。ましてや、関東大震災クラスの大きな災害が起きたら、「ラ・トゥール代官山」が住民の避難を妨げる可能性も高いと言えます。戸谷さんの指摘通り、都市計画法の水準を満たしていない狭隘道路が縦横に走っており、「ラ・トゥール代官山」に入居している一五〇世帯が避難時に一斉に自動車を使ったとしたら、周辺の大混乱は必至です。緊急車両も渋滞で動けなくなるし、二次被害の恐れが極めて高いと言わざるをえません。
そこで、東京都に対し、本件建物は建築基準法に違反しているので、建築基準法9条に基づく違法建築物の除却命令を出すよう義務付ける訴訟を起こしたのです。しかし、裁判所はそうした訴えに対しても、証拠をまともに見ないで、「原告が本件建築物のために損害を受けるおそれは認められない」として、これも「訴えの利益がない」と「却下」したのです。憲法を遵守し、国民の生命と財産を守るべき立場をどのように考えているのか、理解に苦しみます。

司　会　今までのお話をうかがっていると、渋谷区が特別ではなく、どんな街でも違法建築物はこれからも次々に建てられていくことになります。こんな状況を、住民は手をこまねいて眺めているしか方法はないということでしょうか？

戸　谷　昔から言われていることですが、「自分の街は自分たちで守る」という姿勢をもつことです。二〇〇六年に「景観法」が施行され、今まで法的な拘束力がなかった自治体の都市景観形成条例も、景観行政団体になることで開発業者に一定の規制がかけられるようになりました。
さらに、「まちづくり条例」を定めることで一定規模の大型開発などは届け出制となり、開発業者の提出する建築計画が条例で定めた条件に合っているかどうかを判断して、条例に反していたら是正を求めることもできるようになっています。また、「地区計画」といって、地域住民が協議をしてその地域に一定の高さ制限や建築制限をかけることもできます。大事なことは、自分の街のこと、地域のことに関心をもって、まちづくりを行政任せにするのではなく、住民自らが参加するという姿勢が「まち壊し」を防止するうえにおいて重要となります。

司　会　二〇一五年頃から、毎年のように九州地方から千葉県などの関東、さらに東北にかけて、春、夏、初秋には大雨による土砂災害や洪水、そして河川の氾濫が発生しており、多くの住宅が水に浸かるなどして死者や行方不明者が出ています。二〇一九（令和元）年の19号台風では、多摩川の増水で下水が逆流して、武蔵小杉のタワーマンションの地下が水に浸かって電源が失われるという被害が出ています。先ほど、戸谷さんが強調されていた都市計画における高い基準の都市施設が整備されていたら、自然災害で日常生活が脅かされるという事態はもっと防ぐことができたのではないでしょうか。

大雨の原因は気候変動によるもので、避けることができないかも知れません。しかし、本来なら住宅が建てられない土地や、元々住宅建築に向いていない土地を、都市計画できちんと規制していなかったことも災害を生み出す原因になっているのではないかと私は感じています。

竹　居　鷺谷町で、まさかこんな違法建築物が建てられるとは夢にも思っていませんでした。ですから、住民同士でまちづくりについて積極的に話し合うということもありませんでした。今さら悔やんでも悔やみきれません。区長選挙でも、候補者がどのような政策を掲げているのか、そもそもどんな人物なのか判断することは難しいのですが、それでも選挙民として、もっと見極める目を養う必要がありますね。そして、選挙が終わったら行政任せにしてしまい、自分のまちや自分の住んでいる地域に無関心でいることは許されないということを今は肝に銘じています。

最後になりますが、現在、渋谷駅周辺では、競うように超高層ビルの建築が進められていますが、忘れてならないのは、渋谷駅は「谷の底である」ということです。司会者も指摘していましたが、川崎市の武蔵小杉駅周辺が水没したときのように、日本各地で起きている想定外の大雨が渋谷区を襲わないという保証はどこにもありません。谷底を目がけて周辺から大量の雨水が流れ込んできたら、林立する高層ビルはいったいどうなるでしょうか。

都市計画高権を行使していない東京都は、災害に強い都市であるという裏付けがありません。原点に戻って、住民の生命財産を守るためにある都市計画法を遵守するという姿勢を、行政に改めて求めていかなければなりません。

司会　私としても、今回の鼎談は本当に勉強になりました。竹居さんがおっしゃるように、一人の住民として、これまで以上にさまざまなことを学んでいきたいと思います。本日は、長いお時間、ありがとうございました。

鼎談を補足する解説（戸谷英世）

解説1　一九九〇（平成二）年にバブル経済が崩壊し、政府を筆頭にわが国の銀行や大企業のほとんどが不良債権で経営破綻状態に陥り、「清算」をすることになれば経営破綻（破産）の恐れがありました。そこで、政府は金融機関と協議し、「金利の支払いをする債権」は「不良債権ではない」という扱いをしました。しかし、巨額な不良債権を抱えた都市整備公団をはじめとして多くの団体や企業は、ほとんど売却できないまま土地の購入代金の利払いの累積で経営は悪化し、法人のなかで所得税を納付できる企業は一二パーセントほどになり、法人税が激減しました。

当然のように、それらの団体・企業は労働者の非正規雇用化や下請け化を進めたほか、それに加えて企業の倒産やリストラで労働者の賃金が下落し、個人の所得税も納税できない人が非常に多くなりました。言うまでもなく、財政収入も激減し、政府は借金（国債）なしでは財政自体を維持することができなくなったのです。しかし、国債の償還期限が来ても政府には資金がないため、国債返済のための国債、つまり「赤字国債」を発行しなければならなくなり、国債総額は当時の財政規模の五倍となる一〇〇〇兆円を超える状態になったわけです。

その解決策に行き詰まったとき、竹中平蔵金融大臣（当時）が緊急事態となった財政を救済するために、「江戸時代の徳政令を発行せざるを得ない」と提言したわけです。竹中経済学は、単純で分かりやすいものでした。「バブル経済の崩壊で地価が四分の一に下落したのであるから、現在の地価を四倍に引き上げる」という提案でした。その政策は、「国民共有の都市空間を、土地を所有し、経営不能に陥った政府（公団・公庫など）不良債権に悩む団体および企業に無償で供与する」というものでした。

解説2　小泉・竹中内閣が行ったことは、日本国経済と財政を救済する緊急措置法とも言うべきもので、政府としたら「不良債権はすべて帳消しにする」という結論のうえで、「都市再生緊急措置法」が立法化されています。措置法には、都市計画法や建築基準法を厳重に守らせる意図はなく、両法に関する許認可行政は不良債権を消滅させるために行われ、法律通りの法施行を政府はまったく期待していませんでした。

「都市計画行政および建築基準法行政は不良債権の解消を最大限拡大する」ために都市局および住宅局は、局を挙げて、理由が付く規制緩和はすべて行うように行政指導が行われました。政府は行政処分の違法性が社会的問題となり、その発生量は膨大になることを想定し、違法な都市再生事業を推進する行政処分は処分通り貫徹し、その処分に対するすべての行政不服審査請求とそれを不満として提起される行政事件訴訟はすべて却下し、行政処分を維持するように最高裁判所を通じて全国の裁判所に対して指令し、司法は都市再生事業による行政処分を追認することを、司法組織を使って徹底するように命じたとしか考えられない。

小泉・竹中内閣は、不良債権の拡大は国家の緊急事態であり、国民にその危機感を実感させるために、国債の急増についてグラフを使ってリアルタイムで国民に伝えるとともに、「わが国の国債の急増は、国家の経済破綻救済のためである」という解説を国民が検索できるようにするなど、緊急事態への認識を国民に植えつけるといった宣伝も行われました。しかし、都市再生事業が政府の意図通り国民の反対もなく受け入れられるようになると、国債の急膨張は政府の信用を失わせる恐れがあるということで検索ができないようになっています。

解説3　地方自治法第281条の2では、東京都知事が行う行政行為の事務補佐を特別区が行うことを定めており、その規定を根拠にした東京都条例は間違っていません。しかし、問題なのは、青島幸雄東京都知事（当時）がその条例に違反して、東京都の施行規則を制定するにあたり、都議会に、法律に定められたことを正確に説明せず、東京都知事の許認可権限を特別区長に移管できるとしたことにあります。これは都市計画法第29条違反であり、地方自治法違反でもあります。

さらに問題とされるのが、都知事は都市計画法による開発許可権限を特別区長に移管したと言いながら、開発許可権限の行使に伴う旨味を手放したくないという思惑があり、そこで「開発許可の手引き」を使って東京都知事に開発許可権限が潜在的に残っていると欺罔《ぎもう》して、特別区長に開発許可権限を移管したと言いつつ、いまだに許可権限に東京都知事が口出しをし、影響を与え続けていることです。

解説4　「総合設計制度」は建築基準法第3章規定（第59条の2）であり、法定都市計画を総合設計制度で規制緩和することは法律論としてあり得ません。しかし、住宅局は、法定都市計画に縛られない建築行政を行いたいことから、都市局の権限を侵害するなどの違法な行政を繰り返し、違法な「総合設計制度」の許認可権を濫用することで住宅局の建築業界への利権を拡大していくことになります。

現在、東京都が行っている「開発許可の手引き」による都市計画法違反の開発許可は、行政による違法な許認可権の濫用の結果と言うべきもので、このような法律違反の行政が大手を振って横行できるようになった切っ掛けは、都市再生事業であったと言うことができます。この問題は、都市計画法に基づいて決定された計画規制を、建築基準法の規定だけで変更するという法の秩序を破壊するものであり、まともな法治国家だったら到底通用する議論ではありません。

解説5 東京都知事は都市計画法第33条の関係で開発許可不可能な開発で建築行為を容認する方法として、「開発行為不存在」または「開発許可不要」というような「禅問答」顔負けの行政判断を示し、開発許可なしで建築確認を行う裏技を開発してきました。

もちろん、都市計画法違反であることは言うまでもありませんが、都知事は都市計画法四条の一二項で定めた「開発行為」の規定に違反して、「一メートル未満の切土または盛土」は開発行為ではないと、いい、いでたらめを言い、開発地の仕上がり地盤が既存の地盤面より一メートル以上変化しなければ、それは開発行為に当たらないという定義をもち込んでいます。「建築工事によって行う土工事や基礎工事は開発行為ではない」と言い切って、これまで都市計画法違反の開発行為を積み重ねてきたのです。

補論① 違反建築物「ラ・トゥール・代官山」を「法律上適法」としたフィクションに使われたトリック――「一団地」と「総合設計制度」について

（戸谷英世）

鼎談をお読みいただいても、建てられるはずのない用途地域になぜ違法なマンションが建築されたのかという謎がまだ残ると思われる。そこで、ここではキーワードとなる「一団地」と「総合設計制度」について、詳しく謎解きをしていくことにする。

建築基準法施行令の「一団地」と都市計画法の「一団地の住宅施設」の違い

建築基準法が制定された翌年の一九五一年に公営住宅法が制定され、公営住宅の建設が世間で話題になってきた。このときに、公営住宅建築の財政負担を少なくするため、厳しい建築基準法の適用除外の方法として住宅局（旧建設省）で考案されたのが、複数建築物に対する制限の特例である建築基準法第86条である。

「ラ・トゥール代官山」の建築計画地である「エバーグリーンパークホームズ」の二五戸の戸建て住宅は、建築基準法施行令第1条第1号に定める「用途上不可分の一団地に建設された二五戸の住宅」で、建築基準法第86条の特例を使わなくても本来の建築基準法が想定した適法な建築物であった。一方、都市局（旧建設省）が管轄する都市計画法第11条1項8号に定められた都市決定された施設として、「一団地の住宅施設」がある。これは、建築基準法の「一団地」とはまったく異なり、一団地における五〇戸以上の集団住宅と、それに付帯する道路その他の設備全体のことで、建築物を建てるときに計画地の接続道路の幅員《ふくいん》など、都市計画高権によって厳しい規制を受けることになる。ちなみに、「エバーグリーンパークホームズ」の土地は、都市計画法上の条件を満たしていない旗竿地《はたざおち》なので「一団地の住宅施設」ではない。

一人歩きする規制緩和

二〇〇〇年に地方分権法が制定され、都市計画行政の権限が都道府県知事に移譲されたとき、国交省住宅局は都市局に対して、「都道府県に権限移譲するならば、都市計画行政の権限を住宅局に委譲」することを要請し、都市計画による「一団地の住宅施設」の決定を行わなくとも住宅局の指導で第86条を根拠にした「一団地の住宅計画」（「一団地の住宅施設」というと都市計画法に縛られるので、あえて「計画」と呼称を換えた）を行うことができるようにする制度を都市局に容認させ、住宅局長の通達でその行政を発足させている。

この決定の背景には、都市計画を管轄する都市局と建築基準を管轄する住宅局との綱引きがあり、住宅業界の関心を引こうとする住宅局が都市計画に縛られないで建築物を建てようとする思惑が強く働いている。これが、「一団地認定」とされる「建築基準法第86条による一団地の住宅計画基準」と呼ばれるものである。

都市計画決定を必要としないということから、この規定は五〇戸未満の住宅団地にも適用されていくことになった。この住宅局がつくった「一団地の住宅計画」は、建築基準法第3章規定に違反した行政であるが、住宅局は都市計画決定という制限を取り払ったことで、第86条を根拠とする認可基準を民間開発業者の要求に応えることのできる優れた制度だと誇っている。これによって規制緩和は歯止めを失い、一人歩きをすることになったわけである。このように、この段階では形骸化されていたが、まだ都市計画法の「一団地の住宅施設」の理念は生きていた。

「一団地」マジックで建築した「ラ・トゥール代官山」

「ラ・トゥール代官山」は、渋谷区、住友不動産、民間検査機関が、歯止めなき規制緩和のマジックを駆使したことによって建築された典型的な建築物である。「ラ・トゥール代官山」は、申請の段階で開発前の敷地を一〇宅地に区分して、各敷地にマンションを建設する計画で開発許可申請と建築確認申請が出されている。

「ラ・トゥール代官山」の建築計画地（エバーパークグリーンホームズ）は、先にも述べたように「一団地の住宅施設」ではない。しかし、建築確認申請後、「この敷地全体に建築基準法第86

条の6の規定を適用する」と、なんと一〇棟のマンション敷地へのサービス道路を含み、その周辺部の敷地も「一団地の住宅計画」（都市計画法第11条第1項第8号の「一団地の住宅施設」ではなく、建築基準法第86条の6「一団地の住宅計画」）に変身することになったわけである。

その結果、敷地面積は一〇棟のマンション敷地より広くなり、開発道路もその他の敷地も「一団地の住宅計画」の敷地とされるため、法律で規制対象になる敷地面積と延床面積は、確認申請時の敷地面積よりはるかに広くなってしまう。それが、法定容積率より三〇パーセント程度広い面積利用を合法化するマジックとなっているのだ。

実際に建物全体を見ると、「ラ・トゥール代官山」はマンションの共同駐車場の上部に「ロの字形」に造られた一体の高層マンションであり、建築確認申請書に記載された一〇棟のマンションではない。一〇敷地に一〇棟のマンションを建設するとした確認申請に対して検査済証が出されており、裁判所はその検査済証を見て、確認申請書通りの建築物が建築され、「問題はない」と判断したのである。そもそも、第86条の6の適用は、都市計画法における「一団地の住宅施設」の都市計画決定が行われていることが前提となっているが、それが行われていない開発計画に第86条の6の規定が適用されていることが大きな問題である。しかし、国土交通省が違反行政を常態的に行っているため、行政だけではなく司法までも、法律違反を指摘することなく、法律の適用自体ができなくなっているというのが現状である。

都市計画法を完全に骨抜きにする「総合設計制度」

「ラ・トゥール代官山」の計画では、法定上の高さと容積率制限を逸脱した開発を可能にするため住友不動産は、「総合設計制度」において高さ二〇メートルまでを法律上可能と説明できる正当な「建築」と主張した。それでも期待した容積を確保できないため、共同駐車場の屋上を「公開空地」と称し、さらに四メートル高くする違法建築物を「適法である」と主張している。

「ラ・トゥール代官山」の計画は、法定都市計画で決定された第二種低層住居専用地域の、高さ一二メートルと容積率六〇パーセントを絶対に守らなければならないものであったが、「総合設計制度」を使ってクリアしている。

「総合設計制度」は、二〇〇〇（平成一二）年に建築基準法第59条の2として追加された条文であるが、そもそもこの条文自体が違法である。なぜならば、都市計画法をまったく外した建築基準法の規定だけで都市計画法で定められた規制を変更することは法律の秩序を破壊するものであり、まともな法治国家では通用するような議論ではないからだ。

都市計画法を骨抜きにして、建築基準法を建築業界ために使いやすくしようと画策し、都市計画決定された「一団地の住宅施設」を建築基準法では「一団地の住宅計画」と都市計画法もどきに呼称を換えるなど、姑息とも言える画策をしたうえ、それでもまだ不十分と見るや、違法建築を容認するために超法規的につくり上げたもの、それが「総合設計制度」なのである。

図解、ラ・トゥール代官山の違法トリック

ラ・トゥール代官山の建築計画地は「第２種低層住居専用地域」で、建物の高さは12メートルに制限されています。その制限を大きく超えた16メートルの違法建築物がなぜ建てられたのか、違法トリックを図解して説明します。

●建物Ａは地盤面 a から高さが12メートルで適法な建築物となります。

●建物Ｂは本来の地盤面 a を８メートル掘り下げ地盤面ｂからは高さ20メートルの違法建築物となっていますが、本来の地盤面 a を基準とするというトリックを使って高さ12メートルで適法としています。しかし、これではまだ高さが不足しているので、住友不動産はさらなるトリックを駆使し、建物Ｃの建築を強行しました。

●建物Ｃは、建物Ｂの建築物に「総合設計制度」を適用して４メートルを加算して、地盤面 a から16メートルを適法と主張しています。しかし絶対的高さ12メートルを超えていることは都市計画法上では完全に違法であると判断せざるを得ません。この二重のトリックによって建てられたのが建物Ｃのラ・トゥール代官山です。

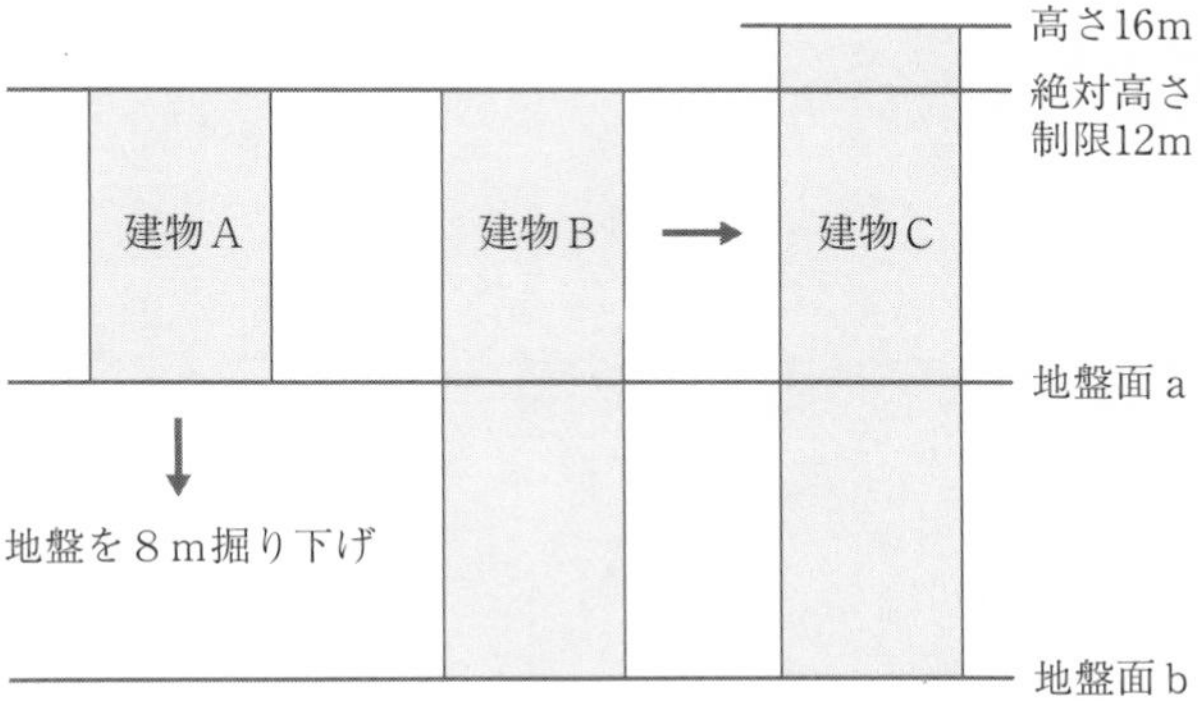

補論2　門前払いされた三つの裁判

（竹居治彦）

本件建物は、実際は「一棟」の「ロの字形」につながったゲーテッドマンションであるにもかかわらず、「二〇棟」の建物を三メートルほどの隙間を空けて「ロの字形」に並べて建てると称して「総合設計制度」の許可を得、高さ制限を緩和させることを前提にして土地の「開発許可」と「建築確認」を受けて建てられた違法建築物である。

私は原告として、このあからさまな違法建築計画の問題性を、建築行政を担っている渋谷区に指摘し、是正措置を取るように申し入れたが、裏側でこの計画の中心にいた渋谷区は一切問題とせず、建築工事を続けさせた。そのため私は、行政訴訟を起こさざるを得なかった。

しかも、「都市計画法」と「建築基準法」は一つの法律として定めている国が多く、日本でも「姉妹法」と言われており、これらは一体のものとして解釈されるべきにもかかわらず、異なる法律に基づく別個の行政処分に関するものという理由で、「開発許可処分無効確認等請求事件」（二〇〇九年一月提訴）と「建築確認処分取消請求事件」（二〇〇九年七月提訴）として、別々に訴えを起こすことになった。

しかし、「建築確認処分取消請求事件」は、裁判中に工事が完了し、「すでに建物はでき上がっているので、訴えの利益はない」という理由で敗訴とされた。この用語は、行政訴訟で訴えを「却下」する場合の常套句であり、行政の違法を野放しにする役割をこれまで果たしてきた。この事実は、憲法で定められた立法、行政、司法の三権分立を否定するものである。さらに、渋谷区の都市整備部長までが建物の違法性に頬かむりし、「すでに建物はでき上がっている」と開き直る始末であった。一方、「開発許可処分無効確認等請求事件」のほうは、本件土地開発行為について原告らに重大な損害が及ぶ恐れがないとされ、「原告適格」が認められないとして却下された。

この二件の裁判が却下され、桑原区長は安心したのか、本書の「事のはじまり」に記したように、住友不動産からの五〇〇〇万円の寄附について報告を行っている。

建築工事が完了したとしても違法性が消滅したわけではないため、違法建築に対する是正権限を有する渋谷区に対して「違法建築物除却命令義務付け訴訟」（二〇一三年一二月提訴）を別途起こしたところ、裁判所から「本件建築物が『一棟』の建物であるとすると、床面積が一万平方メートルを超えるので東京都を被告とすべき」という指示があり、この違法建築計画の中心であった渋谷区に代わって東京都が被告となって訴訟に対応することになった。都の担当者は、他人の訴訟にかり出されたと迷惑顔で終始していた。また、本来なら本件違法建築物を適法なものとして建築確認をした国交省の認可団体である「株式会社都市居住評価センター」は「参加人」でしかなかった。

この訴訟で原告の私は、建築主の住友不動産が法務局に提出した建物の登記申請書類を、本件建物が「一棟」の建築物であることを示す証拠として提出するとともに、「百聞は一見に如かず」で、本件建物の内外と敷地の実地検証を申し出たが、「必要がない」という理由で採用されなかった。最後には、原告の作成した本件建築物の外観を撮影した動画映像まで提出したが、裁判所はこれらを一顧だにせず、本件建築物を「一〇棟」と認定したうえ、原告らに重大な損害が生じる恐れがないとしてやはり訴えを却下した。

いずれの訴訟に関しても、一審、二審を経て最高裁に上告したが、高裁では「控訴棄却判決」、最高裁では「上告棄却」の決定が出された。このうち、先の二つの訴訟は、最高裁決定にかかわった裁判官の一人を除いて、四人が共通して二つの裁判を担当している。このことからも、最高裁決定がいかに原告を愚弄したものであったのかが分かる。これらの行政訴訟における「ご都合主義」は、国民の裁判を受ける権利を否定し、裁判所による行政の違法性チェック機能を裁判所自らが放棄するものであり、許しがたいものである。

このような事実があることを、読者のみなさんに是非知っていただきたい。そして、本書で語ったことを踏まえて、未来を見通す「知恵」と「教養」を身につけていただき、再開発などによって住んでいるエリアが「悪しき変貌」を遂げることを防いでいただきたいと願っている。

著者あとがき——新憲法では、「私」の権利は侵してはならないと規定されている

渋谷に住む人々は、四季折々の変化に富んだ街を「鶯の啼く街」と呼んで誇っている。鳥たちが自由に天空を飛翔し、雲が自在に流れるように、天上は土地所有者の独占物ではなく、太陽の光はあまねく地上の人々をやさしく抱擁してくれている。このような街の中心に、堅固な要塞のように建ち上がった一棟のマンションが、自然の景観と環境を独り占めするばかりか、高所からの威圧と睥睨《へいげい》によって住民のプライバシーを侵害することになった。

生命を維持するために食事を摂り、排泄し、談笑し、諍い合い、生殖するといった私的な営為を妨げることは誰にもできない。ここには、「欺罔《ぎもう》」や「浮利《ふり》」といった私益に通ずるものが入り込む隙間は一切ない。

「公（おおやけ）」と「私（わたくし）」は、人々が営む日常の社会生活にかかわる重大事であるが、もともと「公私」という漢字は中国から入ってきたものである。言うまでもなく、漢字は表音文字ではなく表意文字であるため、その意味を伴って入ってきた。しかし、古代日本人はその意味のすべてを取り入れることを捨てて、日本人に理解できる部分だけを取り入れたり、新たに日本語としての意味を付け加えるなどしてそれを漢字化した（溝口雄三『公私』（一語の辞典シ

リーズ）三省堂、一九九六年を参照）。

一人称である「私（わたくし）」の概念は、律令制のもとで「公」の下位に従属することを前提にして、ひそやか・個人的・内輪事の延長の先にその世界をもつようになった。言い換えれば、「わたくし＝私」が一人称として用いられるようになり、領域用語を示すようになったということである。

家の閾《しきい》（敷居）の内側を「私」とする以外、一歩戸外に出た世間の物事はすべて「公・公共」のこととされ、世間の「公」に関しては、最大の「公」として国家領域、最高の「公」として天皇にまで至っていた時代があった。もちろん、閾の内側にある「私」の領域は決して干渉されることはなかった。と同時に、人に知られたくない内輪事、表向きとは違った本音の世界、「公」になれば都合の悪い「私事」が誰にでもある。このことは、私人同士では隠然と公認されていることであり、「公」を公然の領域、「私」を隠然の領域といった二重の領域制を設けて棲み分けてきたわけである。

長きにわたった封建治下を通り過ぎたあとの明治新政府では、明治憲法の制定と同時に教育勅語によって、国民道徳の根源、国民教育の基本理念として「忠君愛国」と「滅私奉公」が強制されてきたわけだが、第二次世界大戦後の「日本国憲法」は市民的自由とともに「個人の尊重」を基底としている。つまり、個人の権利が認められる時代が到来したわけである。

日本で「公共」と言えば、「私の関与できない、あるいは私の権利が主張できない、私以外の領域を指す」わけだが、現在では、「公共」とは「個人」と別個の全体ではなく、いわば個人の集積としての意味が強くなっている。そして、「個人の尊重」を基底原理とする現行憲法のもとでは、「個人すべてが人間らしく生活できる」ということを政治の目的として出発しなければならない。これが踏まえられてこそ「公共性がある」と言える。

さて、基本的人権とは、人間が社会を構成する自律的な個人として自由と生存を確保し、その尊厳を維持するため、それに必要な一定の権利が人間に固有するものであることが認められ、憲法以前に成立していると考えられる権利を憲法が実定的な法的権利として確認したものである。要するに、人権を承認する根拠に造物主《ぞうぶつしゅ》や自然法をもち出す必要はなく、「国際人権規約」（社会権規約と自由権規約前文）に述べられているように、「人間の固有の尊厳に由来する」と考えれば足りるのである。

この人間尊厳の原理は「個人主義」とも言われ、日本国憲法はこの思想を「すべて国民は、個人として尊重される」という原理によって宣明《せんめい》している。となると、自然環境や社会的環境の悪化、および破壊によって生じる人権や人格形成の侵害についてはどのように考えればいいのだろうか。

私たちが暮らす日常は、言うまでもなく日本語を共通言語として用いているわけだが、筆者の体験によれば、行政や司法が用いる言語は「一般的な日本語とは異なる」と言ってよい。本書で記したように、「理」が権力者・勢力家・有力者の運用に委ねられたとき、人間の悲劇・失望・混乱・憤り、怒り、そして忍耐の頂点をどこに向けたらよいのだろうかと頭を抱えてしまう。納税の義務を果たしている無辜《むこ》な市民が、災害と放射能汚染にさらされているようなものだ。

憲法第29条では、「財産権はこれを侵してはならない。財産権の内容は、公共の福祉に適合するように、法律でこれを定める。私有財産は、正当な補償の下に、これを公共のために用いることができる」と規定されている。

自然環境と景観は、人類が生み出したかけがえのない文化遺産である。行政と司法の庇護のもとに見境なく一気に破壊され、開発優先思想と企業利益のみを追求する凄まじいまでの傲慢さは到底看過できるものではない。国民がそれを見逃すことは、核の安全性を振りまくことと同じであり、企業利益のみを追求する開発業者を擁護することにもなる。利潤追求や効用優先よりも、人間の使命となっている「文化の継承と伝達」を重視すべき時代となっているはずだ。文化が破壊される様子を目撃したという事実を後世に伝えること、それが先人の義務と責任である。

人々は、共同社会の一員として、ある一定の事情のもとでは相手方から期待される信頼を裏切ることのないように誠意をもって行動すべきであるということを知っている。ゆえに、「信義誠実の原則」を踏みにじるようなことはしない。このような善良な住民を欺くことは罪である。このことに異論を述べる人はいないだろう。決して、欺かれた人たちを罪に陥れてはならない。

最後になったが、ここまでようやく辿り着けたというのが実感である。ＮＰＯ法人住宅生産性研究会の戸谷英世理事長と武内更一と野本雅志の両弁護士の精緻な「理」によって司法に風穴を開けようとされた労苦には感謝せずにはおられない。さらに、一〇年に及ぶ裁判を傍聴してくださった「景観市民ネット」の仲間たち、とりわけ本書の出版にあたりご協力いただいた大西信也、井上赫郎、末吉正三の三氏、貴重な助言をいただいた株式会社新評論の武市一幸氏、みなさん方の支援なしに本書は日の目を見なかったことを書き留めて、心よりの謝意を述べたい。

なお、この困難な闘いに労苦をともにしながら手を携えてきた三村隆彦さんが、不治の病との闘病生活に苦しみながら二〇〇六（平成八）年一月に六三年の生涯を閉じられた。在りし日を追憶して、心からご冥福をお祈り申し上げる。

二〇二〇年一月

竹居治彦

ラ・トゥール代官山を巡る　鶯谷町、住友不動産、渋谷区の関連年表

年	月	うぐいす住宅・渋谷鶯谷町計画	住友不動産	渋谷区など
1968				都市計画法制定
1973			渋谷区鉢山町代官山シティハウス完成	
1993			渋谷区桜丘町超高層インフォースターワービル完成	
1995	1			阪神淡路大震災
1998		・うぐいす住宅組合西松建設に共同開発持ちかけるも無回答 ・うぐいす住宅組合に渋谷区より建設コンサルタント派遣		
2000		・西松建設うぐいす住宅建て替え参加表明		
	8		代官山アドレス完成	
2001		うぐいす住宅組合、西松建設勉強会開始		
2003	4			・桑原敏武氏区長に当選

2004			・千駄ヶ谷小学校日照問題で区長の支援を受けベルサール原宿建築強行 ・南平台地上げ開始～06年終結	
	11	うぐいす住宅組合建て替え第１回説明会		
2005	4	うぐいす住宅組合建て替え第２回説明会		
	10	**西松建設所有の鶯谷町の土地（エバーグリーンパークホームズ）を 渋谷区長の斡旋で住友不動産仮登記（20日）**		
2006	4		南平台の土地を地上げ屋より422億円で取得 地上げ屋約17億５千万円の脱税	
	11	うぐいす住宅組合建て替え第3回説明会 住民絶対反対を表明		
2007	1	西松建設不正献金問題発覚		
	3	**エバーグリーンパークホームズの土地所有権を住友不動産へ移転**		
	4			桑原区長再選
		「(仮称) 渋谷鶯谷町計画」発表説明会（25日）		

年	月	うぐいす住宅・渋谷鶯谷町計画	住友不動産	渋谷区など
	6	「渋谷区鶯谷遺跡」と命名し遺跡調査開始		
	9			「渋谷駅中心地区まちづくりガイドライン2007」発表
	10	開発許可済証の標識掲出（30日）		
	11	・鶯谷遺跡研究者見学 ・（仮称）渋谷鶯谷町計画公聴会 ・うぐいす住宅説明会中止発表		
	12	・鶯谷遺跡住民見学会 ・鶯谷遺跡の発掘調査完了と同時に遺跡発掘跡地を整地（28日）		渋谷区総合文化センター議会の議決を得ないまま完成
2008	1	（仮称）渋谷鶯谷町計画最終説明会（25日）		
	2	東京都開発審査へ提出した「（仮称）渋谷鶯谷町計画取消」の取り下げを渋谷区都市整備部長強要も断固拒否		
	3			渋谷区総合設計制度制定
		「（仮称）渋谷鶯谷町計画」総合設計制度許可第1号		

	4	**（株）都市居住評価センター「（仮称）渋谷鶯谷町計画」建築確認済証**	6600億円の超大型投資を発表	
	6	**・東京都都市開発審査会開催 ・住友不動産の建築確認済証不掲出と区指定樹林の欠員発覚により、「（仮称）渋谷鶯谷町計画」工事休工（6月9日～27日） ・渋谷区長が開発課長、建築課長を帯同し「（仮称）渋谷鶯谷町計画」の現地視察筆者と遭遇（23日）。**		
2009	1	**提訴・開発許可処分無効確認等 請求事件**		
	2		「（仮称）南平台計画」説明会	
	7	**提訴・建築確認処分取消請求事件**		
	9			麻生政権から鳩山内閣へ政権交代
2010	1		・南平台地上げ脱税発覚 ・（仮称）南平台計画休工	
	4	**住友不動産による区道の偽作を筆者が発見（27日）**		
	6	**「（仮称）渋谷鶯谷町計画」を「ラ・トゥール代官山」と命名して住友不動産が販売を開始。**		

年	月	うぐいす住宅・渋谷鶯谷町計画	住友不動産	渋谷区など
	8	・渋谷区による開発完了検査の手抜きを発見（23日） ・渋谷区長開発完了公告（26日） ・形質変更工事を外構工事と偽り再開（31日）		
	9	・渋谷区長建築確認完了公告（１日）		
		・渋谷区法務局「ラ・トゥール代官山」の10棟の登記申請を不受理（５日） ・渋谷法務局「ラ・トール代官山」の１棟での登記申請を受理（22日）		
			・（仮称）南平台計画工事再開（18日）同日渋谷区長建築確認公告	
2011	12	渋谷区議会文教委員会「渋谷区鶯谷遺跡保存に関する陳情」		
2013	2	提訴・違法建築物除却命令義務付け訴訟		
	6			渋谷区長が議会で住友不動産からの5000万円寄付を発表

著者紹介

竹居治彦（たけい・はるひこ）
1929（昭和４）年山梨県生まれ。山梨高専中退　法政大学文学部卒。
東京タイムズ広告部勤務。渋谷区在住。

再開発は誰のために？
——欺罔と浮利で固められた「ラ・トゥール代官山」——　（検印廃止）

2020年２月28日　初版第１刷発行

著　者　竹　居　治　彦
発行者　武　市　一　幸

発行所　株式会社　新　評　論

〒169-0051 東京都新宿区西早稲田3-16-28
電話　03(3202)7391
振替・00160-1-113487

落丁・乱丁はお取り替えします。
定価はカバーに表示してあります。
http://www.shinhyoron.co.jp

印刷　フォレスト
製本　中永製本所

ISBN978-4-7948-1144-8

新評論　好評既刊書

熊野の森ネットワークいちいがしの会 編

明日なき森

カメムシ先生が熊野で語る

熊野の森に半生を賭けた生態学者の講演録。われわれ人間が自然とどのように付き合うべきかについての多くの示唆が含まれている。

[A5 並製　296 頁カラー口絵 8 頁　2800 円　ISBN978-4-7948-0782-3]

船尾　修

循環と共存の森から

狩猟採集民ムブティ・ピグミーの知恵

森を守ると人間は森に守られるんですよ。現代コンゴ事情と絡めながら「現代に生きるムブティ」の姿を記録し、そこから「人間と環境」を考察。

[四六上製　280 頁　2300 円　ISBN4-7948-0712-0]

E・エングゴード／高見幸子・光橋　翠　訳

スウェーデンにおける野外保育のすべて

「森のムッレ教室」を取り入れた保育実践

野外教育の理論と実践をこの１冊で！子どもたちに自然の中で遊び、学んでほしいと願うすべての大人におくる最良のガイド。

[四六並製　290 頁　2400 円　ISBN978-4-7948-1136-3]

岡部　翠　編訳

幼児のための環境教育

スウェーデンからの贈り物「森のムッレ教室」

「森のムッレ」に出会ったことがありますか？「環境対策先進国」スウェーデンの教育法に学ぶ森での授業、野外保育の神髄と日本での実践例。

[四六並製　284 頁　2000 円　ISBN978-4-7948-0735-9]

K＝H・ロベール／市河俊男訳

新装版　ナチュラル・ステップ

スウェーデンにおける人と企業の環境教育

世界中から多大な注目を集めるスウェーデンの環境保護団体の全貌を、主宰者の著者が市民や企業経営者らに向けて、平易な語り口で説く。

[四六並製　272 頁　2500 円　ISBN978-4-7948-0844-8]

＊表示価格はすべて本体価格（税抜）です。

新評論　　好評既刊書

行政主導の道路開発に「待った」をかけた市民の記録
「まちづくり」の意味を問い直すノンフィクション

「関さんの森」の奇跡

市民が育む里山が地球を救う

関　啓子　著

「関さんの森」とは、千葉県松戸市の北にあるおよそ2ヘクタールの森林です。2000年代末、この森に都市計画道路が造られ、土地の強制収用手続きがはじまった。市民は黙って引き下がることができなかった。なぜなら、この森は、都市部にありながら生物多様性が豊かで、地元住民が自ら育て、活用し、運営している市民の共有財産だから。環境教育の源であり憩いの場である生態系・生物多様性の宝庫を守る市民の闘いの記録。

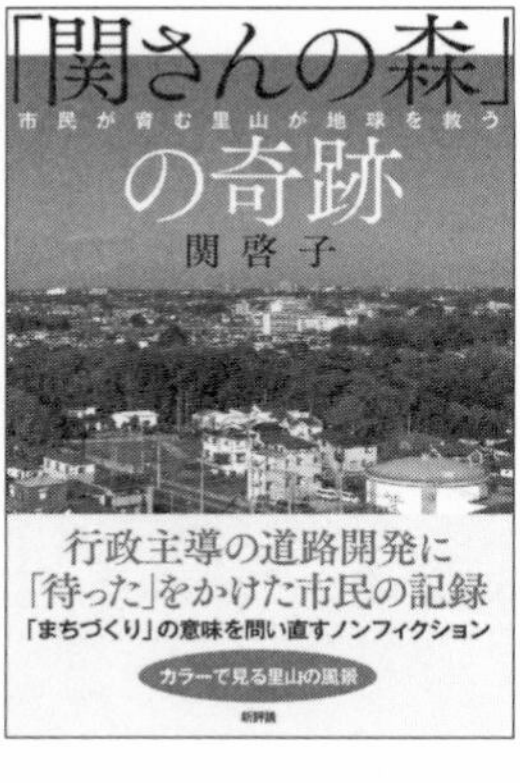

四六並製　298頁

2400円

ISBN978-4-7948-1142-4

＊表示価格はすべて本体価格（税抜）です。